提問力實踐指南

掌握學習設計新思維

藍偉瑩——著

推薦序

先學會提問，才能設計好課程

台大電機系教授，實驗教育機構無界塾創辦人　葉丙成

花了好一段時間，終於把偉瑩老師這本新書看完了。花了這麼多時間，因為這是一本很扎實的好書。

這本書談的是什麼呢？原先看書名，我以為是在談如何提問的技巧。但閱讀之後，發現這本書談的是更深更廣的東西。這本書在談的，是老師要如何思考提問。然而所謂的提問，不光只是老師在課堂上的提問。更重要的是，老師在教學之前、在設計課程之前，對於自己到底要教會學生什麼、要給學生的關鍵理解是什麼、要教會學生的專家思維是什麼，這一系列的自我提問。

這些提問非常重要。如果老師在教學、設計課程之前，沒能對自己要教的東西做過這樣一系列的深入剖析，坦白說，那老師對於自己這堂課、這個單元、這個學期，究竟要教會學生什麼，可能自己都不知道。到最後就會淪落於只對

學生填鴨、灌輸課本上的知識而已。然而，一個老師可以教給學生的，絕對不僅止於知識的灌輸（注意：被填鴨灌輸並不等於學生有學習）。一個好老師的教學，可以透過他的課程設計，帶給學生知識的學習、能力的學習、態度的學習。但要怎麼做到呢？

讓探究真正在教室發生

這些年來，偉瑩老師非常辛苦地在全台灣到處跑透透，在各地幫助學校老師學習如何做課程設計。這是台灣老師很迫切需要養成的能力。尤其是在世界各國近年的教育改革，以及台灣一〇八課綱，都揭櫫素養為主的教育路線之後，老師能否設計出課程幫助孩子在知識、能力、態度面都有所精進，建立素養，已成為老師們所要面對的重大挑戰。

但要設計出這樣的課程，需要老師對自己的教學不斷地做反思跟提問，才能如剝洋蔥般地讓自己了解，在這個課程中真正要教會學生的是什麼。這樣的提問除了對老師的教學設計有幫助外，其實也是在課堂上跟學生提問的好問題。透過不斷地提問跟思考，對於課程的本質才能越來越深入地了解與提出見解，也才能據以做課程的設計。

我個人覺得這本書最棒的是，偉瑩老師在知識學習、能力學習、態度學習等三個面向，都有一個個不同學科領域的範例。這些範例通常是某個老師在教某個年紀（例如國小）的某一科的教學課題。偉瑩老師在書中呈現她對老師關於該課程一系列的提問，去釐清狀況、確認這次教學的真正目標是什麼。再來思考如何定策略、設計出能達到教學目標的做法。這些範例涵蓋不同學科、不同年段、不同面向的學習（知識、能力、態度）。

透過一個個範例，你彷彿可以看到工作坊那個溫柔而堅定地一直對你提問、讓你無法逃避、驅使你找到課程教學本質跟目標的偉瑩老師，正在帶著你做課程設計。如果你沒有機會參加偉瑩老師的工作坊，你應該要有這本書，讓自己功力大增。如果你有被偉瑩老師輔導過，你也應該要有這本書。讓書中的她來問你，總比你直接面對她壓力小得多，對吧？

這本書另外很重要的部分，是談要怎麼做到讓學生「探究」。如何讓學生探究，是現在教育最重視，但老師們在傳統教學中比較少做到的。該怎麼做到讓學生能真的探究，而不是食譜式照著老師的指示一步一步地做，這對很多老師來說也是很大的挑戰。偉瑩老師在書中也教會大家如何分成導入、建構、深化三個階段，分別去思考如何掌握課程設計的重點，讓「探究」能真的發生。

綜而論之，這本書對於想學會如何設計好課程的老師，非常有幫助。它可以幫助大家了解如何設計做到知識／能力／態度的學習、如何讓學生有動機探究、如何讓學生養成素養。我非常推薦這本書給台灣所有對教育有心的老師們！

推薦序

解構自己的教學設計，用「好問題」啟動「真學習」

高雄市立鼓山高中校長　廖俞雲

好奇，是探索世界的第一步；探尋，是通往真理的不二法門；而老師，是持續鼓舞學生對未知保有熱情的重要關鍵。

我一直相信，每個人心中都住著一個小孩，對於未知的事物充滿好奇和想像，對於生活裡的一切充滿熱情；什麼東西都往嘴裡塞，什麼東西都想摸摸看，因為要真實地去感受；總是不斷地發出詢問，想透過大人的回答快速地理解這個世界；會迫不及待地脫鞋踩在沙灘上，也會穿著雨鞋踏在水坑中，想要去丈量水有多深；也會想要爬到比較高的櫃子上，體驗高度落差帶來的快感。這些看起來有點危險，或是調皮的舉動，其實都是孩童探索世界的路徑，只是我們往往會在不經意當中，因為種種的理由，消磨了他們的好奇心；等到我們真的需要他們去感受或者去發現新的事物時，孩子已經失去這個本能，要透過課程設計，提出一系列的問題，引發動機，引導思考，讓學習發生。

讓教學設計回到學習的核心本質

和偉瑩認識這幾年，也正是素養導向課程風起雲湧的時期；剛開始我總覺得自己的課程設計能力完全沒有問題，學生在我的課堂上也都能夠投入學習，而我的學習單就是最好的學習鷹架，學生的學習是飽滿的。直到我參加了共備工作坊，我深深地被打擊「你知道學生的起點行為嗎？」「學生會發生的困難點在哪裡？」「你怎麼確認學生真的會了？」我猛然發現自己只關注在課程的設計、教學是否精采創新，卻無法回答最基本最核心的問題「學生是如何學習的？」

於是，我重新看待我的教學設計，跟著偉瑩的脈絡打掉重練，真正回到學習的核心本質，「問出好問題」讓學習真正的發生。但這真的不容易，所以除了工作坊之外，偉瑩已經開始思考應該把步驟跟路徑寫下來，讓更多老師和家長能夠更有系統地理解提問和學習這件事情的關聯性。

從《教學力》到《提問力》，談的是課程設計的理念、概念和整體思維，也說明了提問的重要性及在教學設計脈絡當中的安排，但總覺得不夠，因為我們很需要更多的實例參考運用。禁不住各界的敲碗，偉瑩也把這兩三年蹲點在教學現場觀課及實際參與課程設計的經驗記錄下來，並且成為可分享的問題組合，這對現場老師來講是非常有幫助的。雖然多是以國小課程為例，但正是因為如此，我們共同的經驗才容易被喚起，沒有學科的界線，對應到國高中的教學場域中，老師也能夠舉一反三地在課堂中實施提問的策略。

所以，我建議大家把這本書當成一本使用手冊，跟著裡面的步驟檢視你的教學設計，從最基本的「釐清狀況」開始，透過每一章末的「理解問一問」和自己對話，重新看待自己的教學。或許剛開始會有點難受，那我要恭喜你，因為這表示你開始學習。

用提問力迎接新挑戰

只有老師願意自己成為學習者，學生才能夠真正的受惠；當然，一起來參加工作坊，或是申請入校陪伴，學習的進程就會更加快速，也會更有伴。

當人工智慧ＡＩ已經取代某種程度知識性的傳遞及結構性的產出時，老師的角色該如何調整，更是我們要面臨的挑戰。學會提問，成為好的提問者，引發學生的學習動機，激勵學生持續學習，是我們面對挑戰的必要裝備。

很榮幸能夠成為本書的推薦者，也謝謝偉瑩願意做這一件吃力不討好，卻很基礎的事。期待有更多老師一起加入燒腦行列，跟著我們一起打開書，來一段解構自己的旅程。

推薦序

身為師長的我們，是解決學習問題的專家嗎？

基隆市東光國小校長　顏安秀

近期最夯的話題之一，就是ChatGPT等ＡＩ，可以取代多少人類原本的優勢？這將是人類的助力，還是挑戰？而我們現在所教育的學生，未來需與ＡＩ共存，能否順利與之互動，善用其長才，端看此刻的師長，怎麼教孩子透過提問，知道自己怎麼思考、釐清脈絡、蒐集資料，然後在重新定義問題中，有新的發現。

一〇八課綱已經啟動三年，教育學生成為終身學習者，具備解決生活問題的能力，成為現場老師的任務。照本宣科、只是把進度教完的老師，已經不夠符合學生的需求了。

但老師必須清楚自己是怎麼解決問題的，懂得把教學的歷程和目標融入成一套經過設計的探究過程，才能引導學生知道如何解決問題。因此，老師必須是個「提問專家」，才能教出「提出好問題」的學生。而「提出好問題」之所以重要，是因為面對更多變化的二十一世紀，沒有一個困難存在著簡單的解方；透過好問題來釐清困難的本質，試圖更接近困難的全面，才有機會採取有效的行動。

但這樣的養成，必須在教育現場啟動，發展，然後成熟。

幫助學生建立自己理解世界的體系

藍偉瑩老師繼《提問力》之後，再度寫出這本強調實踐的書，將課程設計的思維轉換成「解決問題」的邏輯，提供更務實清晰的架構，幫助老師透過解決學習問題的三階段，讓提問的實踐和教學變得更容易。

這本新書層次分明，先是敘明解決問題的架構，再以大量不同領域的例子，逐步引導讀者提問設計該如何進行跟完成。更可貴的是，書裡羅列的不只是設計成功的例子，也讓我們看到所謂失敗的關鍵，讓讀者得以透過他人經驗，減少自己的摸索。

當然我們都知道，一個好的老師會給學生合適的鷹架，甚至面對不同的學生還會有適度的調整。所以，該讓學生學會的，是系統的方法；教會學生怎麼察覺自己的思考、怎麼釐清狀況、怎麼確認目標等。在不同屬性的學習上，如何進行不一樣的處置，經驗豐富的藍老師也都替讀者設想到了。

更重要的，老師要教的不是答案，而是教學生「找到自己探索出來的結果」。當學生建立自己理解世界的體系，才能確保未來能自己學習。不同學科有不同的「觀察、閱讀和實作」法，以理解學科的脈絡知識或關鍵重點，老師怎麼引導孩子拆解和建構，就在逐步讓孩子建立專家思維。孩子觀看問題的眼光和提出的疑問，以及後續想到可嘗試的解方，那才會成為他自己的一部分。

這是一本務實且大量舉例的好書。從定義到操作，宛如親自上了一趟藍老師的工作坊，還可以收藏手邊，時時檢閱複習，或加以印證。想成為「解決學習問題的專家」的老師們，都應該備有一本，讓自己提出好問題，也教出能提出好問題、解決真實困難的學生。

作者序

不斷享受好奇與探究，是一種幸福

「如果有一本想看的書還沒出現，那我就得把它寫出來。」

一本書為什麼需要作者自序？自序又該放入什麼內容呢？你看書時喜歡看自序嗎？如果你看見我這一連串的三個問題，就表示你是喜歡看自序的人，也相信先看自序對於你閱讀一本書是有幫助的。那些沒看見我的三個問題的人，自然就無法參與我分享與這本書有關的心路歷程了。對事物好奇的人是幸運的，因為你相信萬事萬物的存在不會沒有意義，就像是你相信一本書的架構會需要自序，那必然有其意義，所以你讀了，也有了不同的發現。這樣自問自答的思考與形成簡明意義的過程，就是我的日常：對人事物抱持謙虛的探究態度，用釐清自己想法的初衷鍛鍊提問能力。

愛提問的我在寫這本書之前，問了自己一個問題，「如果你已經寫了一本談提問力的書了，為什麼還需要再寫第二本呢？」提問這件事，原本對我來說比較像是個直覺，很自然地就會問出還不錯的問題，或是能透過提問引導他人思考。如果這只需要運用在自己的課堂、生活與工作，那直覺就無妨，但隨著工作坊辦理次數越來越多，陪伴不同學習階段與學科領域的老師備課經驗越來越廣，我有更多的機會協助別人知道如何提出好問題，讓大家了解好的提問在整個課程設計與學生學習中需要發揮的功能。

將解決問題的邏輯做爲課程設計的思維

前一本《提問力》的出現，我把提問背後複雜且生硬的哲學用了白話文書寫，同時也將提問設計理論和操作的細節做了說明，期望大家閱讀後自由運用。出版後沒多久，我便發現這樣是不夠的，因為朋友曾經跟我說過：「沒有參加過老師工作坊的人讀起來比較辛苦，需要更多的時間與討論才能夠想像與理解。」即使《提問力》真的有堅實的理論與實務，也對探究課程設計做了深入與細膩的描述，而這樣的方式雖然讓大家更清楚其中的連結與轉折，但沒有相關經驗的人，仍會因為難以想像而遇到困難。因此，我需要提供一種不受過去經驗所限制的呈現方式來幫助更多的人，所以就有了這本強調實踐的書。透過這本書，我想讓讀者更清楚地了解提問的角色，並提供大家課程設計的新思維。

每一本書都代表了作者人生體悟。你以為已說清楚的道理，卻因著生命的歷練而有了新的想法。透過這些年的陪伴經驗，我發現，如果能夠先提供課程設計的新思維，而不是給予理論或技術，反而能幫助大家更容易掌握提問。就這樣，我將課程設計的思維轉換為解決問題的邏輯，提供更清晰的架構，讓大家可以快速掌握各環節之間的關係與意義，也讓我更容易跟老師們對話了。這樣的改變，除了是期望大家不再只是設計自己的教學流程，更應該著眼於解決如何讓學生學會的問題，將學生放在課程設計與教學規劃的中心。透過解決學習問題的三階段，讓設計更聚焦，提問也就變得容易了。以這樣的方式與現場對話時，我發現即便是從來沒有參加過我的工作坊，大家都還是很快地能接受與理解，更知道為何要如此進行提問設計。當能夠掌握進行的方式後，再回頭閱讀《提問力》，就會更容易掌握提問的哲學與道理了。

有朋友問我，如果是一個從來沒有讀過我的書或和我實際互動過的人，我會如何建議他先閱讀哪一本呢？那當然是現在這本新書，因為它能讓讀者先對課程設計有整體的圖像和畫面。

這些年對於課程、教學、提問、學習等歷程的自我覺察與解構，讓我不禁想著，那些哲學家或教育學家們是不是也都曾經像我這樣呢？難怪我總覺得他們越早期的著作相對深奧，越晚期的作品越親民，而我總是在實務經驗越多後，更能看懂他們早期的作品。這麼說好像我在誇自己是大師？當然不是。我只是欣喜於自己持續地發現，更享受工作中的成長。我常覺得，一個人面對世界的方式，必然會與自己在書中想要傳達的一致，每位作者都是用生命實踐信念的人，如同每個老師都是在教室裡體現自己教育哲學的人。

一起尋找更好的答案

對我來說，每一本書都記錄著多年的生活故事與意義，滿足了我追求新發現的熱情。

撰寫這本書的過程，讓我重新回顧與老師們的討論，過程歷歷在目，確認目標的興奮與擬定策略的喜悅讓大家持續投入提問設計。能遇到這麼多喜愛設計課程的好朋友是我的幸福，這些設計代表著有好多精采的學習正在台灣的教室裡發生著，更有一群孩子們體會著發現的樂趣，擁有學習的幸福經驗。整理這段時間內設計提問的對話，我更深刻體會到，抱著好奇與謙虛的心來聆聽是多麼重要的事情。唯有打開心胸來理解，我們才有機會真正陪伴他人完成理想中的課程。我心中真正的學校、教師社群、課程學習就是這樣，不是誰教誰，而是透過聆聽、提問與對話，一起找到更好的答案。

從寫第一本書時的壓力，到現在能平靜地享受著寫書的過程。透過寫書的任務，我能夠好好地想清楚，確認所有的想法與做法是邏輯一致的，讓一些重要的感受與想法被結構性地收納與整理。還記得我在一本書上讀到這個句子：「如果有一本想看的書還沒出現，那我就得把它寫出來。」心中馬上響起「沒錯，就是這個感覺！」我認為，人生可以不斷享受好奇與探究的旅程，是一種幸福，這也是我在每一本書中持續宣揚的理念。

當有目標在前方讓我們努力時，我們唯一能做的就是持續問出更好的問題。就像是沒有一個科學家會宣稱自己已找到問題的真相，或是世界真正的樣子，他們只會說「我對於世界的認識又更清楚了」，這讓我們越來越接近真實。所以，我從來不會說「我已經做到我想要的」，我只會說「我離理想越來越靠近了」。我知道自己還在發現的路上，如果無法永遠保持好奇並謙虛地學習，我將一無所獲，也看不見世界的可能與美好。

謝謝過去這段日子曾經和我真誠對話的每一個你！

前言

提問是一個知易行難的旅程

「提問是解決問題的第一步。」

——數學家、教育家喬治・波利亞（George Polya）

當我們來到陌生之地，總會對自己提出許多問題，幫助自己知道該觀察什麼現象、找尋哪些資訊，以形成結果與判斷後續行動。不確定感讓我們變得警醒，這種警醒不必然是高壓，但會讓我們不斷追蹤現象的特徵與變化，企圖找到可以形成意義的資訊或關係，以便決定後續行動。不確定讓我們必須提問，但這樣的不確定會一直存在嗎？

提問真的很容易也不容易

大家回想一下成長歷程，如果你的年紀超過四十歲，我猜想在你幼年時期，父母有可能忙於生活而無法全心陪伴你。那時候的我們還無法用平板來養，連電視節目都很少，這讓我們有了許多時間可以探索陌生世界。沒有被太多事物框限的我們，即便物資不富足，但自然資源豐富，人的互動也多，常有面對不確定的機會，以及追蹤與確認的磨練，讓我們的提問能力很早就啟蒙了。

長大後，各自有了不同發展，有些人習慣依規定或指示做事，這讓他活得很安心，也慢慢遺忘了提問對於自己的價值；有些人則不想被決定，即便是被要求完成任務，總會提出問題，希望能夠真正掌握任務的目的，以免做白工，更害怕讓生命缺乏意義。**提問出現與否，在於你把自己視為一個完成任務的人，或是解決問題的人**。如果想要讓提問變得更容易，我們得先成為一個解決問題的人，而且是要解決一個還沒有人知道答案的問題，那將使你更仔細地觀察現象、更在乎解決問題的目的或原則，同時有了評價解決問題品質的標準。

反思自身的經驗後，再回頭看看現在的孩子、學生或職場新手。有不少比例的成人，為了讓孩子學習與成長的「效率」更高，刻意避免不確定性的出現。成人讓學習與成長的環境變得更「安穩」，希望學習結果的獲得可以不被干擾。這樣的方式對於成人也是妥適的，可以避免了自己需要面對孩子成長中的不確定。長久下來，成人與孩子們都失去提問的能力，也失去了對於外在世界探索的追蹤能力。

ＡＩ時代早已來臨，只不過多數人不自覺生活中的許多便利就是ＡＩ的結果，包含數位相機、有美肌功能的照相或修圖 App、可以自動辨識選字或是語音轉錄的軟體。這些程式改變了我們的生活，讓許多事情變得更容易，然後我們把省下來的時間用來做什麼事情呢？ＡＩ沒有決定人類要以何種方式活在這個世界。如果你總是被ＡＩ「使用」，過著更不用動腦的日子，那強大功能的ＡＩ聊天機器人出現便可能對你產生威脅。不同於過往的ＡＩ，相機就是照相，修圖就是修圖，我們不用煩惱該怎麼用它，但聊天機器人能夠產生何種效益與功能，就由使用者決定了。你決定好成為它的主人了嗎？你有能力成為它的主人嗎？

本書架構與設計

這本提問的書不是要教你如何對聊天機器人提問。本書仍以教育場域為例，對提問做深入討論。不管對象是誰，提問的邏輯與原則是相通的。這本書以解決問題為提問的出發點，所有的提問都必須經歷三個階段，分別是「釐清狀況」、「確認目標」與「選定策略」。釐清目前面對的情況是什麼，而非亂問一通，同時針對所處的現況蒐集必要資料，確認自己面對的是什麼，才不致變成無頭蒼蠅，亂闖亂撞。

在釐清狀況的過程中，需要不斷提問：為何會有這些內容？內容之間有什麼關係？從關係中我發現了什麼？一旦釐清了狀況，才能真正確認遇到了什麼問題。為了確認在此狀況下最要先達成的是什麼，在完成確認目標的階段也需要不斷提問。之後，便要展開解決問題的策略選定。除了評估解決問題的時間與資源外，剩餘的就是解決問題的方式。課堂中的解決問題方式都是無關學生學習與成長的，如果要讓學習和成長發生，就要選擇讓學生有感的現象，無論是矛盾或衝突。總之，得讓學生覺察到某種習以為常或忽略已久的現象存在，在找尋答案的最終而能形成理解。一旦學生理解了，老師們面對的問題就解決了。

提問會讓學生常常觀察到，那些理所當然或習以為常的現象變得不確定、讓人無法解釋或難以理解，引動學生持續追蹤現象，期望蒐集到更多資料，以形成合理的解釋。每個人都期望世界是可理解的，持續地提問、引導學生思考，就是為了讓一切變得可理解，如此身心也就安穩了。

整本書就在這樣的架構下，先在第一部引出了解決問題的不同思維，找出好的解決問題思維與歷程，並在前兩章討論了三個階段的重要性與做法，讓讀者快速掌握解決問題的節奏與思考。第一部的後半對於確認目標階段做了深刻的描述，幫助讀者抽絲剝繭找出學習目標。第二部的前半更進一步談學習目標如何形成，身為專家的老師又是如何發現目標，讓這樣的歷程解構成為老師引導學生學習的次序。第二部的後半著重於解決問題第三階段，選定策略包含了學習歷程的設計，找出有感的事實現象，透過提問設計引起學生好奇，展開探究歷程而促成理解，最終解決了「如何學會」的問題。

第三部則是解決如何讓學生學會的問題，探討了知識、能力與態度該如何產生學習，並提供實際的例子，依據解決問題三階段來說明該如何設計。這個單元更提供了成功與失敗的關鍵，讓大家能更容易地達成解決問題的目的。第四部則是以教育現場常見的提問情境，點出不同情境的特性，以便掌握解決各種學習情境問題的方法，同時提供各種情境的示例，使讀者更容易感受與理解。

三本書之間的搭配

這是我以提問為題的第二本書，也是我討論課程教學的第三本，這系列的三本書之間有什麼關係呢？

第一本《教學力》以教師的課程教學工作為核心，談及老師面對教育現場困境時該有的態度與行動，討論了領域課程與跨領域課程設計，也簡述了課堂中的提問與引導該要如何進行，同時說明了教師社群要如何運作，以增進專業成長與學習。《教學力》是一本概論性的書籍，為老師提供了教學工作的架構，協助大家建立全局觀點。

第二本書和第三本書都是有關於提問，但不只是談提問，而是討論了關於好提問的所有考量與歷程，包括為什麼要提問、提問是什麼，以及如何提問。第二本書《提問力》著重於整個提問設計歷程後的理論背景，涵蓋哲學、心理學、社會互動等，讓讀者可以更清楚每個環節的意義，以便判斷自己所處的情境為何，又該如何因應。第三本書不同於《提問力》的細膩描寫，而是以解決問題的三階段架構，讓大家先有個簡明的次序，更積極地以解決學習問題為出發點，反覆提供不同的例子討論提問設計該如何完成。此外，第三本書也提醒了許多提問設計成功與失敗的關鍵，減少大家摸索的時間，更快掌握關鍵。

如果你已經閱讀過《教學力》與《提問力》，如何與這本書搭配使用呢？我的建議是，在閱讀完這本書之後，進行提問設計練習，並在完成練習之後，再重新閱讀《提問力》的第三章，檢視自己的每個行動，了解每一步的意義。在掌握每個步驟的意義之後，則可以閱讀《提問力》的前兩章，更清楚提問力系統背後的理論基礎。最後再重新閱讀《教學力》，便能後設理解到教學工作中的每個部分雖然看似處理不同內容，實際上卻是相同的原則。

如果你還沒有接觸過這三本書，我想以這本書做為第一本會是個好的開始。因為這本書會改變你面對課程教學的思維，不再以教學者出發，改以「如何讓學習發生」而出發。同時，本書也提供了解決問題的架構，幫助讀者形成設計的思維、掌握設計的邏輯。透過許多的實例討論，連結實務與原理，更藉由成功與失敗的重點提醒，幫助讀者更清楚設計時該要注意的環節。

請抱持對的態度出發

無論這本書是你閱讀這一系列書籍的第幾本，我都想分享自己面對問題時的一個想法：如果你有提問的問題，你該要找的不是答案，而是你在這件事情上遇到什麼問題。這是多數人在解決問題上的盲點，以為找到答案才是最重要的事情，卻忽略了釐清問題的真正樣貌。如果能先釐清問題，便能讓我們解決對的問題，擬定有效的策略。

如果一開始的態度就錯了，那麼原本容易的事情就可能被自己弄複雜了。我們的確在教育現場遇到很多困難，其中許多都是因為只在意找到解方而衍生的，導致教育現場越來越多的計畫、越來越多的要求，疊床架屋，讓大家疲於奔命。人人都期望改變這樣的加法文化，但若要進行減法，就更應當釐清問題是什麼，把好的事情做對。

如果你想要在解決問題的道路上成功，更應該抱持對的態度出發：找出真正的問題，才是首要努力之處，而這條路上需要的就是不斷地提出好問題。

提問總是在我們想要理解或行動時出現。
提問者會問什麼問題，關乎他抓取到了哪些情境特性。
提問者腦中出現了哪些假設或判斷，
便會透過提問來釐清或確認，最終掌握了真正的理解。

第一部

起點

帶著問題出發 ——

- 為什麼提問這麼重要？
- 如何讓提問更有目標？

1

解答人生

你知道自己怎麼思考嗎？

「習慣支配著那些不善於思考的人們。」

——英國詩人威廉・華茲華斯（William Wordsworth）

如果我說，人生是由一堆問題解決而完成的，你相信嗎？我們就從一天的開始來做檢核：早上醒來要先做什麼？要起床還是再賴床一下？該穿什麼衣服？早餐要吃什麼？先吃飽還是到工作地點才吃？要選擇何種交通工具？該走哪一條路線？無論你是否問過自己這些問題，對這一連串問題應該都不陌生，但很少意識到這是「問題」，或覺得這會造成什麼「問題」。

這樣的句子，在句末有問號或語調上揚，但和你心中原本認知到的問題是相同的嗎？本質上有什麼差異呢？

認識三種問題類型

為了認清問題本質，我以問題與人的關係，將生活中常出現的問題粗略地分為三種類型，來看看這三種問題如何產生，以及對我們有什麼影響。

一、指令型——錯了沒關係的問題

這類問題不是每個人都會提出，就像是有人早上起床抓了衣服就換上，有人卻會考量今天有哪些事情、場合、會遇到哪些人，而有人則是看天氣如何來決定。對於解答者來說，這類問題往往不是為了得到好答案，更多的是引導自己思考的次序與接續的行動。不論答案為何，通常不會導致太嚴重的影響。這類問題的解決，常依循著生活經驗或慣性出發，無論是擷取訊息、研判狀況或下結論，都快速進行著，有時甚至連自己都不自覺問題的啟動與作答，整個歷程就結束了，呈現自動化的特質。

二、標準型——別人有答案的問題

解答者或許不知道問題的答案，但提問者已有預設答案，又或者這類問題存在標準答案。「標準」一詞，代表著特定社群已經對於這樣的問題情境完成探究或形成共識，所以有了一個社群可接受的答案。因此，這類問題的解決，往往要依循特定社群理解世界的方法，以及詮釋世界的原則，展開特定且「標準化」的解答歷程，最終發現社群其他人也都發現的答案。這麼說並不代表這樣的問題沒有解決的意義，事實上，這種解決問題的歷程，通常有助人們融入一個社群或掌握某種專業。

三、開創型——還沒有答案的問題

這類問題之所以沒有答案，有兩種可能：問題是全新的，沒有人遇過類似情境；問題並非全新的，但因為問題中的許多條件與其他相近問題大不相同，以至於無法直接以經驗解決，也沒有人可以提供答案。這類問題的答案，需要解答者自行探究，而解答之前，將花最多時間在理解問題情境，以確認解決的課題是什麼，才能著手嘗試可能的解方，最終找到答案。這種解決問題的歷程特別之處在於：如果換了解答者，便可能出現截然不同的歷程與結果。

表 1　三種問題類型的差異

類型	本質	解答歷程	結果影響	特點
指令型	指導個體思考的次序與接續行動	隨意不穩定	完成事情即可，結果與品質非主要考量	問與不問都能完成行動
標準型	指向特定社群的思考與詮釋原則	標準且穩定	個體獲得社群理解，社群影響更穩固	問題與解法有特定標準
開創型	聚焦問題情境的理解與課題設定	個別且多元	問題被解決，並開創新知識或新解方	問題與解方都需要確認

這些問題在生活中的出現頻率，以第一種最高，第三種最少；問題的難度則以第三種最高，第一種最低。這樣的分布，合理反映出真實的生活情景，畢竟我們不可能花大把時間都在解決全新且結果影響大的問題，那會讓我們總是處於緊張的狀態。

指令型問題，讓我們每天得以按照某種節奏生活著；標準型問題，讓我們相互理解與溝通合作；開創型問題，則讓人類擴大對世界的理解、創造進步。缺一不可。

可以連結《提問力》第77頁「提問的情境有哪些？」幫助自己體會提問的積極意義。

面對問題，三種常見的回應

有了對於問題類型的理解後，再換個方向來想想，平常遇到問題或困難時，你的反應與行動是什麼？你會問自己、問別人，還是問天？一個人只會有一種因應方式，還是不只一種呢？不同的因應方式，對於解決問題的歷程和結果，又有什麼影響呢？我嘗試分析身邊的人，將大家的做法簡單分為三種類型：

一、經驗者——我說了算：在問題情境出現時，這類做法能在第一時間快速連結經驗，馬上採取行動。有時，這種方式確實有效解決問題了，不僅掌握時效，也避免更嚴重的情形出現，但有時卻失靈，原因何在呢？最大的可能是，儘管抓住了情境中某些與過去經驗相似或相同的特點，但忽略了其他部分，導致對於問題的判斷錯誤，解方當然就沒有效果。

二、諮詢者——你怎麼看：在問題情境出現時，諮詢者第一時間就是找人詢問或商量，希望透過別人的分析，幫忙釐清問題；或是期望有過相同經驗的他人，能提供解決方法；最甚者則是根本希望他人拔刀相助。通常不會只諮詢一人，而是多方探詢，解決的歷程與結果將視被詢問者的特質而定，讓我們對於問題有了不同的解讀。

三、思辨者——這是什麼：在問題情境出現時，思辨者第一時間便開始對自己提問，以確認問題的背景條件、形成的脈絡與產生的影響等。即便擁有相關經驗，但不會憑直覺判斷問題本質、簡化決定解方的歷程，而是透過在每個環節不斷自我提問，懸置判斷，確認訊息的正確性、訊息推論的合理性，以及解方的有效性後，讓問題得到更合宜的解方。

面對問題時，你是屬於哪一種類型呢？我猜想每個人都曾經遇過這三種情形。用經驗快速回應、諮詢他人看法、思辨事理邏輯，各有不同優勢。快速回應可以降低認知負荷，有助於面對生命危急的瞬間；諮詢他人可以讓我們汲取更多經驗值，擴大對問題的想像，提供新視野；進行思辨可以讓我們更謹慎地蒐集與分析訊息，確認問題並評估形成更合宜的解方。

雖然每個人都可能在解決問題時出現這三種情形，但隨著每次因應後結果的差異，有些人會逐漸地養成習慣，減少經驗判斷，而期望透過諮詢他人或自我思辨來避免誤判或失敗；也會因為解決問題的經驗更多，深刻體會其責任仍在自己，必須自己判斷與決定，轉向更常出現自我思辨的因應方式。

判斷與決定的責任

透過探討問題與人的關係，以及人們因應問題的方式，我們發現，問題的類型和因應方式間似乎存在的對應關係。例如指令型問題常是生活片段，所以依賴經驗回應的比例高，雖然有時也會詢問他人建議，但多數時候人們還是會以個人經驗下最後決定。標準型問題常與特定社群相關，解答者已經擁有社群的部分知識或詮釋方法，有時可以依據自己的經驗進行解決，或是在思辨與判斷後提出解方。但若是還未掌握的社群知識，較常出現的情形便是諮詢社群專

表 2　問題類型與解決因應

問題類型 ＼ 解決因應	經驗者	諮詢者	思辨者
指令型	■	▲	□
標準型	▲	■	▲
開創型	□	▲	■

註：關係的判斷取決於問題與因應同時出現的頻率
■代表兩者高度相關，▲代表兩者中度相關，□代表兩者低度相關或是無關

家或前輩。開創型問題因為沒有可直接採用的答案或參考經驗，因應方式便很難不透過思辨，歷程中雖然有些片段可以諮詢他人經驗或專家，但最終的判斷與決定都還是必須經由解答者的思辨而達成。

想一想，在面對問題與解決時，你是怎麼思考的呢？如果每個人都可能遇到這些問題，那我們可以大膽地推論，在沒有人逃避的情形下，大家都會找尋一種合宜的解決因應之道，最終形成不同的結果或影響。然而什麼樣的選擇才算是合宜呢？端看解答者如何定義目前的問題與他是何種關係（屬於哪一種問題），然後就可以決定以什麼樣的方式來回應。

這樣的情景如果套用在日常生活或職場中，我們就不難理解，為何有些人總是以某種方式來解讀與面對問題了。就像是不同的老師在面對學生的改變，有些老師以過去的經驗來解讀現在學生的問題，所以將問題簡化為學生不聽話、學生程度變差；他們選擇了與過去相同的解決方式，希望學校可以訂出更嚴格的校規，或是給予學生更多機械化的練習，認為這樣就能讓情形回到符合「他的經驗」的樣子。但有些老師卻不這麼想，他們認為學生的情形和以往不同，因為條件不變的情形下卻出現不同的行為，使他們進一步去蒐集更多的資料，以便評估真正的問題所在。重新定義問題讓他們有了新的看見，選擇了新的因應方式；善用學生的特質而改變了課堂與學習的方式，產生不同的結果。

這樣的差異來自於解答者的特質，而一連串的過程都是解答者主動開啟思考後而發生的。每個人都是人生問題的判斷者，也是該如何因應人生問題的決定者。若是這樣，我們是否就沒有機會改變人們了？就好比人們常爭執著誰的判斷與做法才是對的，沒有改變對話的可能了嗎？

或許我們更需要思考的是，當我們發現人們會以這樣的方式來定義問題與自己的關係，並在判斷後決定回應的方式，我們有沒有辦法避免落入某種慣性、迷思或危險呢？面對人生的大小問題，有沒有更合宜的思考路徑呢？

理解問一問

- 人們為何會對相同的問題產生不同解讀？
- 面對問題時，會有哪些不同的因應選擇？
- 問題類型與解決因應方式的對應，是必然的嗎？

2

（提問世紀）

二十一世紀為什麼要問？

「你不必什麼都知道，只需要知道在哪兒能找到答案。」

——科學家亞伯特·愛因斯坦（Albert Einstein）

當我們理解了問題類型與解決因應後，可以發現，問題或因應都高度依賴情境與解答者的特質。是什麼樣的特質呢？一是情境和解答者的關係，這將影響問題類型的歸屬；二是解答者的慣性，這會影響解決因應。如果解決問題的結果會產生較大的影響，解答者卻誤判問題類型，或是採用不合宜的因應方式，將無法展開有意義的解決問題歷程。

如果我在這裡直接下結論說：「解答者的特質決定了結局」，無異在說這件事情沒有轉圜餘地了，那不就像是父母或老師在說「小孩一出生就是這種個性」，或是「這個學生就是沒辦法學會」，這種命定式的說法等於給了教育一個重擊。事情當然不是如此，如果我們能夠掌握問題與解決因應的思考方式，是否就有機會產生有意義的歷程？情形是否就能不同了呢？

解決問題的三階段

什麼是有意義的解決問題歷程呢？為方便說明，我將解決問題歷程分為三個階段，來分析整合出解決問題的各項細節。這些階段分別是「釐清狀況」、「確認目標」與「選定策略」，常問的問題如同圖1所呈現的說明。三個階段在解決問題上都有不同功能，環環相扣，相互影響。

首先，釐清狀況的功能是盤點相關訊息，包括什麼時間點發生、有哪些人涉入其中、發生了什麼事等，找出訊息與訊息間的關係，排除不相關的項目。確認目標的功能則是，透過前一階段的發現，找出真正要解決的課題，並後設自己是如何從訊息間的關係做出判斷的，以便在問題解決的過程中，能夠不斷地比對這些關係。最後，選定策略則是盤點相關資源，找出改善重要因素與相關性的方法，

圖1 解決問題三階段的常見問題

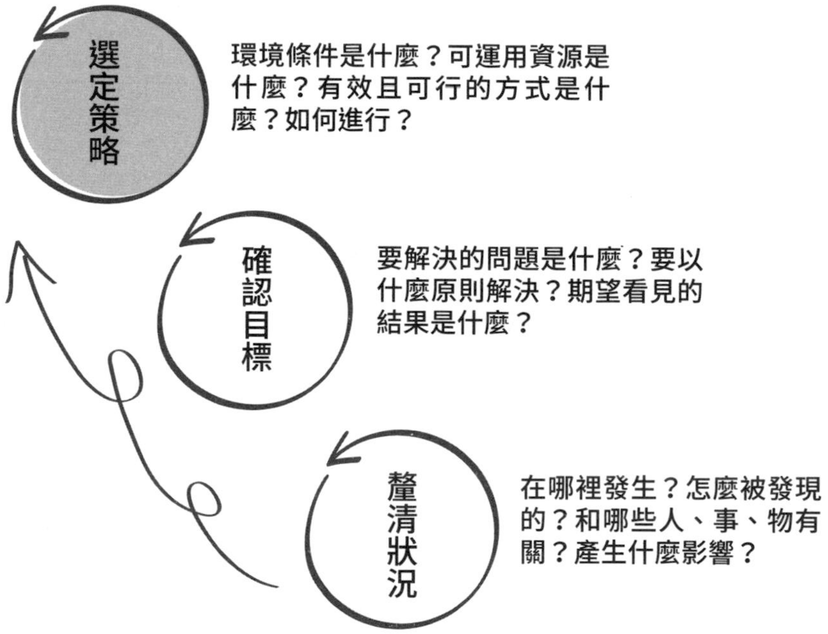
選定策略
環境條件是什麼？可運用資源是什麼？有效且可行的方式是什麼？如何進行？
確認目標
要解決的問題是什麼？要以什麼原則解決？期望看見的結果是什麼？
釐清狀況
在哪裡發生？怎麼被發現的？和哪些人、事、物有關？產生什麼影響？

以及評估課題解決與否的標準，以便在問題解決過程中不致偏離設定的目的。

課程設計的三階段

接下來，我將以課程設計的過程來說明三階段。你或許好奇，課程設計和解決問題有什麼關係？如果我們將問題設定為要如何讓學生學會，那課堂前的備課、課堂中的教學與課堂後的評量，應該就是解決問題的歷程了吧？我們就用以下的討論來確認。

階段一、釐清狀況

課程設計之初，如同其他問題解決的情境，必須先掌握目前的情形。雖然教師具有課程設計的自由度，但仍須考量以下三個部分：

- 根據課綱規劃需要讓學生理解的內容或培養的能力有哪些？
- 學生已經擁有的基礎是什麼？
- 可運用的教材中提供的資料是什麼？

羅列出這些問題的答案後，專業教師會考量學生的過去情形和未來發展，思考現在最需要學習的是什麼。而這些發展次序則是依據課綱規劃，先從兩者間找出交集，再確認教材的哪些部分與這樣的交集相關。這個歷程包括資料的蒐集與閱讀，覺察現況存在的情形，接著進行資料的比較與分析，理解現況的內容、關係與重要性，最終透過相關資料間關係的論述，統整出需要放入學習的部分。

階段二、確認目標

在確認需要放入學習的內容後，為避免課程只是零碎的片段，教師要將這些內容必須同時出現在同一次教學的意義找出來。

首先，教師必須後設自己是如何思考資料間關係的論述，以及如何覺察這些資料間的關係。這樣的關係正反映出教師如何運用專業進行探究，而這個思考的方式就是「專家思維」。教師確認了資料間關係論述是如何被思考的，就能撰寫出凸顯思維方式的「關鍵理解」，提出可以表達資料間關係與上位概念意義的語句。當確認了該次學生學習要達成的目標後，教師同時要完成最終表現任務的設定，透過可有效評估學習結果的任務，引導學習的規劃與產生。這個歷程包含資料間關係如何思考、資料間關係如何形成意義，以及教師形成對於本次課程的觀點。

階段三、選定策略

當目標確認了，就必須選擇有效的策略，才有機會讓想法實踐。課程要實踐，首先要考量的是時間有多少、資源有哪些。專業教師絕不可能設計出一個需要大量時間或特殊資源才能完成的課程，讓自己有理由不去實踐。在有限的時間內，並在可取得的資源中，取得能讓學生有效探究的素材，同時將可以產生關鍵理解的情境，安排成有效的教學活動，透過提問設計，引導學生產生專家思維的思考歷程，最終透過表現任務的完成，以評量規準來評估學生學習的結果。

這個歷程包括策略的擬定，過程中必須不斷地確認，並且站在學生的角度確認這樣的設計能否引起好奇困惑、提問次序是否可理解且有邏輯。最終進入課堂實踐，蒐集學生學習的情形與結果，做為未來課程設計的依據和參考。

圖2 課程設計三階段的項目

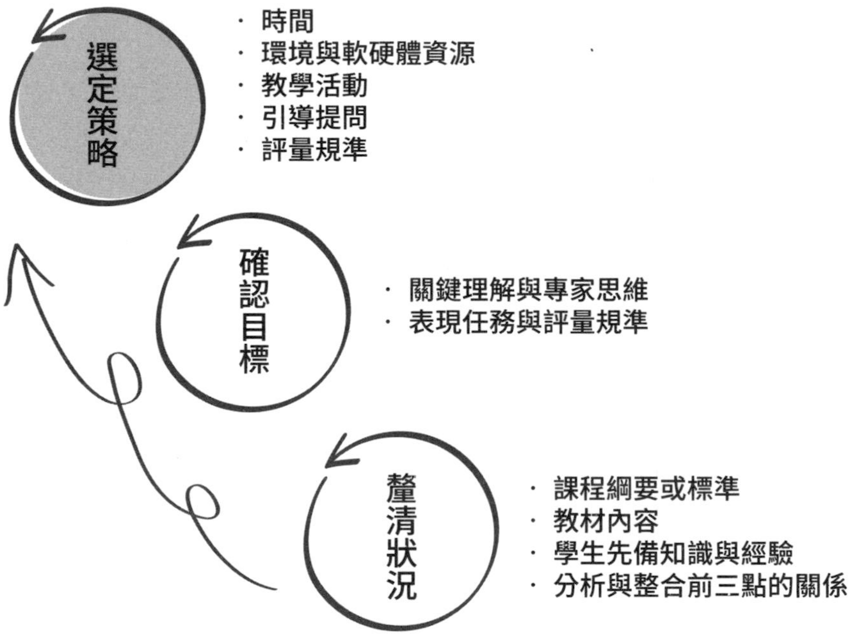

教師必須是讓學習產生的專家

專業教師如同各行各業的專家，除了擁有該領域的概念外，也擁有該領域理解與詮釋世界的能力，以及解決問題的重要態度。此外，專家還必須對場域、關係人有清楚的掌握，時代變遷的影響也必須時時放入考量，以便於狀況的釐清是清楚的，目標的確認是合宜的，策略的選定是可行的。

從以上的討論可知，教師也是一種專業工作，絕不是完成大學學歷者就能夠擔任。教師本身就是解決學習問題的專家，也是創造學習發生的專家。這樣的專家又是如何幫助學生培養解決問題能力的呢？何時需要解決問題？為什麼要解決問題？如何能解決問題？學校教育有哪些情境可以進行解決問題能力的培養呢？這一連串的問題正代表著二十一世紀教師的關鍵能力。

不同於工業革命時代下以知識技術傳授為主，專業教師會將過去知識的學習安排成一個探究經驗，讓學生在過程中也成為一個問題解決者，如同教師在課程設計歷程中所經歷的。透過教師的安排，學生覺察現象的存在，理解現象的內容，並透過分析與推論，形成對於現象代表意義的觀點，進一步運用這些觀點來探索世界。

二十一世紀的教師必須是提問專家

專業教師安排好真實的解決問題情境，透過提問設計，展開學生的解決問題歷程，引出意義形成的脈絡，完成認知能力的學習。在解決問題的過程中，透過自我覺察與對話，面對困難與突破挑戰，和他人合作與對話，促進學習的跳躍。真實解決問題的情境，有助於認知能力與非認知能力的學習和保留，這樣的設計可以發生在學科學習的情境、專題學習的情境或人際互動的情境。學校教師必須是一個提問的專家，好的課程與教學設計，都可以讓學生習得知識概念，但唯有透過好的提問，才有機會引出真實的探究歷程，也才能讓學生成為問題解決者，更能透過教師的示範，成為好的提問者。

進入二十一世紀後，全球面對了更多且嚴峻的挑戰，無論是氣候變遷的惡化與影響、恐怖行動或戰爭的威脅、全球化下經濟與疾病的衝擊等，問題的產生速度越來越快，影響的範圍越來越大。這些挑戰不存在簡單的解方，更精準的說法是，這些問題不同於過往，每一個都是全新且複雜的，更需要被清楚定義。**二十世紀擁有好答案的人，能夠在跟隨世界上取得優勢；二十一世紀對困難提出好問題的人，能夠在改變世界上取得先機**。在沒有正確答案的困難前，我們需要更多的好問題來釐清挑戰的本質，找出關鍵的問題，測試可行的方案，採取有效的行動。提問貫穿了整個解決問題歷程，讓二十一世紀必須且必然成為提問的世紀。

強調解決問題能力的這件事，似乎從未在教育界或職場消失過。回想求學或成長階段，到底每個人的解決問題能力是怎麼生出來，又是如何長成的？如果詢問已經走過這段歷程的我們，我想多數人回應的都不是教師教了你什麼，而是曾經做過什麼事情、經歷了哪些失敗，最後如何找到面對的方法與原則。如果事實真是如此，那學校教育就太讓人失望了。但真的是這樣嗎？相信我們都意識到這件事的重要性與急迫性，所以你選擇了閱讀這本書。

理解問一問

- 我們為何非學會提問不可？
- 提問會在哪些情形下產生？
- 好的提問要達到哪些目的？

3

（掌握關鍵）

提問為什麼需要有目的？

「如果你不知道要去哪裡，那麼現在你在哪裡一點都不重要。」

——英國作家路易斯．卡羅（Lewis Carroll），《愛麗絲夢遊仙境》

在問題解決的過程中，我們是如何決定每一個行動的呢？每次跟老師們談探究時，我總喜歡問大家：「你什麼時候會主動開始了解一件事情？」

不在乎意義將導致災難

無論是想了解一件事情，或是想要解決一個問題，也不管是否知道終點的答案，假如沒有想找出答案的好奇或困惑，後續的歷程將不會展開。如同我們在教室裡或是職場中最不想見到的：學生或下屬的行動是依據你的指示，一個口令一個動作。他們在乎的是別人想要他做什麼，一旦完成了，就停下來，等待下一個指令。這樣的情形來自於人們長久以來被訓練成不需要思考的人。可能是在成長過程中，曾因常發問而被認為是找麻煩或不聰明，又或者是被要求不要提問或不要動作，只需要等待指令……。在這般以管理為重的環境下成長的人們，往往不在乎目的或是對目標無動機，成為目前人才培育上最令人困擾之處。

上述情形還只是結果，真正更需要思考的是，導致這個結果的原因是什麼？這些習慣或熱衷於下指導棋的師長與父母，是否在乎學生或下屬需要思考呢？他們掌握目的與意義，在乎事情是以何種方式被完成，甚至討厭因為被提問或討論完成的方法而影響他們自以為的效率，於是控制整個流程，以避免讓聽從指令者知道太多。另一種情形是，他們也可能沒有真正掌握目的與意義；對他們來說，事情完成就是目的，意義從來不是重點，以致事情只是機械化地重複進行著。即使出了問題，或是有機會優化，他們也無從覺察。最終，當事情開始無法如過往般進行時，他們只會認為是這些需要聽令行事者能力不夠，或是態度不佳了，才害事情變調。

不在乎意義，等同於不在乎真正的理解，長久下來將使人失去追根究柢的熱情與能力，喪失學習的熱情。因此，在讓學生學會的歷程中，我將「關鍵理解」設定在確認目標的階段。這是學習重要的目標之一，除了掌握對單元的理解，更掌握了追根究柢的意義。但為何不直接稱為學習目標，卻要稱為關鍵理解呢？

掌握關鍵才能達成目標

長久以來，我們習慣條列出希望學生能夠表現出來的行為，以這樣的方式描述目標能讓我們很清楚最終評量的重點。但若進一步思考，這樣的目標隱藏了一些訣竅和關鍵在其中。這是什麼意思呢？我們來看看下面兩個國中英語文的例子：

學習目標一：「能藉由閱讀策略理解對話及短文內容。」

這個學習目標沒有限制特定主題，它說明我們對於學生完成一件事情的方式與結果。方式是藉由閱讀理解策略，結果是理解對話及短文內容。我們先從這句話的終點談起，也就是「要達成何種理解」，接著再回頭來談談目標中所指的是何種策略。

首先，「理解對話及短文內容」是指對於字面意思的理解，或是隱含於背後意義的理解？若是前者，僅需要理解字面意思，那可能需要的是認得單字與句子；若是後者，則需推論出隱含於字裡行間的意義，但就需要知道如何分析或推論。再者，在確認了預設的是哪一種理解後，就必須思考：為何選擇這一種閱讀理解策略？如果不用這樣的閱讀理解策略，學生就無法理解嗎？使用這樣的閱讀理解策略會有什麼幫助？這種策略為何對於理解這類文本有幫助？

教導閱讀理解策略是不少課堂中會出現的學習活動，如果說素養需要透過真實情境才能培養，那脫離真實情境的策略學習能產生效果嗎？結論是否定的。這樣的學習往往會讓策略無法被自由運用或提取，因為學生並沒有掌握需要使用這種策略的情境特性。所以在備課時，老師需要釐清「為何這樣的文本需要使用這種策略才能理解」，以便掌握後續要創造出什麼樣的感受與需求，以及讓學生遇到什麼閱讀上的困難，使他們真正體會到這種策略的效益。這樣的過程同時可以釐清策略背後的原則，而不只是讓學生根據老師的步驟操作，以免未來因為沒有老師的指令或步驟而無法啟動與產生策略運用的歷程。

學習目標二：「能熟悉天氣的用法（句型及單字）並能正確使用。」

這個學習目標不同於前一個例子，談的是特定主題的學習。這裡有幾個表現，一個是「熟悉」，一個是「使用」，而對於表現上的期待是「正確」，表現出的內容是「天氣的用法」，包含句型及單字。同樣地，這看來很清楚的句子真如我們以為的明白嗎？

首先，學生是否熟悉要如何判斷？出現什麼表現時，我們會判定學生已經熟悉了天氣的用法呢？我們期望的是學生能記憶這些用法，還是理解這些句型或是單字的規則？如果只是記憶，那熟悉是指多練習到對這些內容不感到陌生嗎？又或者不只是記憶，更希望學生了解描述天氣的句型只是現在簡單式的延伸，句型的組成其實是一樣的？又或是想讓學生知道描述天氣的單字會有哪些類別與感受？

無論上面的問題是什麼答案，我想表達的重點是「我們是否想清楚期望學生能夠掌握與遷移的長久理解是什麼」。如果這點不想清楚，將出現兩個問題：一是我們不知道在教學中要聚焦的是什麼、要讓學生學習的是什麼；二是我們將不知道當學生最終無法表現出來時，該如何檢核學習是在哪部分產生誤解或困難，也無法提供後續學習上的建議與支持，只能透過或以為安排反覆練習就可以了。如果透過大量刷題就能理解，我猜想不同學科上學習成就的差異就變成只是練習夠不夠多了，但其實有些科目即便做了大量練習也沒有進步啊！

學習目標常見的樣態，有些充滿了抽象的概念文字，有些則是說明了學生要完成的事情。但我們仍無法確定的是，當學生完成這些事情或是能達到這些抽象目標時，究竟代表了學生已經掌握什麼原則呢？透過一連串的自我提問，或許有助於找出這些目標背後真正期望學生掌握的關鍵。

學習目標的撰寫仍有其必要，透過分析自己直覺所寫下的學習目標，將更易於分析出學生要學習的關鍵。如果沒有釐清學生需要掌握的理解，課堂將成為老師不斷下指令指導與學生操作的場域了。

真正的理解是掌握關鍵

說了這麼多的掌握關鍵，但關鍵到底是什麼？簡單來說就是，為什麼老師能夠展現某種表現或完成某種任務呢？那個「為什麼」就是關鍵。就像是傳統的師徒制，徒弟跟著師父身邊多年，先是觀察師父做的事，再模仿做一遍，但仍出現不同結果，或是無法解決問題。接著，開始留意師父完成過程中有哪些步驟自己漏掉了，又或是這些步驟操作時有無微妙的條件或考量，一旦發覺，就再模仿重做一遍，雖然有時候能做對，卻無法每次都成功，這時才發現師父並非每一次的步驟或使用條件都是相同的。為了找出真正的關鍵，徒弟必須蒐集更多資料，才能歸納出原來師父在什麼情形下會進行什麼樣的調整。這個判斷與調整的原則才是徒弟能否成功的關鍵。說了這麼多，大概就能理解為何出師要三十年了，然而學校教育不可能花三十年讓學生以這樣的方式學習。

教師是一種幫助別人產生學習的工作，不藏私是教師的特質。所以，找出關鍵，讓學生產生持久理解，能夠將理解運用於新的情境或學習中，就是評斷教師課程設計是否成功的指標。

如果沒有掌握關鍵，對於學生的理解有什麼影響呢？

原本就知道的事？

隨著教育趨勢強調探究的重要性，再加上一〇八課綱在素養教育上的著力，許多教科書都嘗試調整編輯內容與方式，以成為教師實踐教學改變的好幫手。有些老師會在釐清狀況（分析課綱、教材與學生情形）與確認目標（關鍵理解、專家思維與關鍵證據）後，運用教科書的內容來安排與組織成能達到學生學習目標的策略；有些老師則是直接使用教科書，按部就班地完成了裡面的規劃，但也可能只是把活動完成，卻不一定能夠知道教科書設計者背後想要帶出的意義，所以，學生無法在活動完成後確認要掌握的理解是什麼。

以國小四年級自然為例，力的單元談到物體受力會產生形狀改變。教科書中進一步討論到，有些物體形狀改變後會恢復、有些則無法恢復。課堂上老師請學生先預測不同物體受力後是否會恢復形狀，然後老師請學生領取物體進行實作確認，接著老師請學生把結果記錄下來，最後則是進行習作與線上問題，便完成了這部分的教學與學習。

這堂課結束後，我詢問老師認為學生是如何猜測的？實作後無論與猜測相比是正確或錯誤，老師期望學生是記住實驗的結果，或是在這些實作後發現什麼原則？我更進一步與老師討論：「如果要命這個部分的考題，你預設學生是根據生活經驗與課堂實作經驗來判斷答案，或是其他原則？如果是前者，哪些物體可以放入選項？是不是無法安排課堂中沒有討論過的物體呢？」結果，多數學生的猜測與實作結果是一致的。換言之，在老師沒有引導學生歸納出抽象度較高的原則下，學生等於是用原本已經知道的事實來回應這一節的活動。如果最後留下的仍是對於特定事實的認識，未來要如何判斷其他例子呢？

這就好似有些老師跟學生討論文章的意義時，並不是讓學生透過與文本連結來說明意義，而是在理解文意後就脫離文本了。學生以自己過去經驗，提出對於文章主題的想法，這些想法完全沒有因為讀過這篇文本而有更深刻的體會，這樣的討論即便沒有這篇文章不也能進行嗎？那閱讀這篇文章在學習上的目的是什麼呢？

當課程設計無法確認目標、沒有明確的關鍵理解，就很可能出現這種沒有學習發生的景況。

學到別科的重點？

國小三年級國語文有一篇文章，篇名是〈留住今天的太陽〉。這篇文章說的是：作者小時候想要留住太陽，於是決定要在太陽下山前到家，所以開始跟太陽比賽。作者在太陽下山前就到家了，贏了太陽；為了繼續贏過太陽，作者更決定要趕在太陽下山前完成作業。因為把握太陽下山前的時間，作者留住了今天的太陽，而讓自己充分運用時間。

這是一篇有關把握時間的文章，無論在成長過程或成人後，我們都經常聽到相似道理的故事或論述，所以把課程的目標設定在把握時間或珍惜時間似乎是很合宜的。想一想，有哪些學科課程可能談到時間運用的主題呢？

珍惜時間與善用時間的這兩個概念，可以連結到低年級的生活領域。我們發現，6-I-3「覺察生活中的規範與禮儀，探究其意義，並願意遵守」這個條目的說明：覺察生活作息和活動的規律性，理解生活規範和活動規則訂定的原因，調整自己的行為。實際了解課堂中的學習，老師們會在這個部分規劃學生思考下課時的規劃，也會進一步練習家庭休閒生活的安排，更重要的是，解決問題的時間規劃。所以，低年級的學生已經有了時間運用的概念。此外，我們也可連結到談論自主管理的綜合領域，其中，國小高年級（五年級與六年級）條目1b-III-1「規劃與執行學習計畫，培養自律與負責的態度」，以及Ab-III-1「學習計畫的規劃與執行」與Ab-III-2「自我管理策略」都與時間運用相關，使學生能夠進行時間的規劃、運用、評估與調整。**註**

註：此為十二年國教的課綱編碼方式。第一個編碼代表不同領域在學習重點上分類的面向。第二個編碼則是學習階段，I 代表第一學習階段，為國小低年級，II 代表第二學習階段，為國小中年級，III 代表第三學習階段，為國小高年級，IV 代表第四學習階段，為國中，V 代表第五學習階段，為高中。最後一碼則為流水號。

再回到國語文〈留住今天的太陽〉這篇文章，也許有人認為，將目標設定為學習內容C文化內涵的第三項精神文化，條目Cc-II-1「各類文本中的藝術、信仰、思想等文化內涵」，談文本中要傳達的思想，讓學生知道珍惜時間的好處。但這樣的學習放在國語文領域與低年級生活領域學習上的差異是什麼？甚至，未來高年級綜合領域將更讓學生真實經歷時間規劃與運用的過程，以評估自己時間運用的情形，進一步調整成更好的方式。

找對問題並有效地解決它

面對老師們選擇這樣的條目做為學習目標時，我總會詢問老師們，這個單元已經確定沒有學生需要習得的國語文學習內容嗎？都已經在其他課程中完成了嗎？如果是這樣，這篇文章是否有國語文的學習表現（能力）需要被放入呢？如果只是一篇閱讀素材，那是否有閱讀的學習表現可以透過這篇文章來培養呢？如果無法分析出符合學科的關鍵理解，那麼在這樣的課程中，可能只是重複了其他領域的學習，或是多知道一件事情而已。

老師教了學生原本就知道的事情，或是教了別的課堂該要教的，那就等於這堂課沒有教，也沒有學習了。如果以解決問題的歷程來比擬，就是你解決錯的問題，或是根本沒有解決問題。問題定義對了，才有機會找出有意義的解決歷程；掌握課程的關鍵理解，才有可能創造有意義的學習經驗。

理解問一問

- 課程設計為什麼需要掌握關鍵？
- 如何運用學習目標來分析關鍵？
- 沒有掌握關鍵會出現什麼問題？

4

關鍵理解

目標設定有何積極意義？

「我們對一個想法或目標感覺越強烈，那個想法越確定，深植於我們的潛意識裡，將會在實現它的路徑上引領我們。」

——美國作家厄爾·南丁格爾（Earl Nightingale）

回想生活經驗，應該不難發現周遭的人在面對相同情境時，各自有著不同的反應與行動。當一個人自認不清楚目標或還在確認目標，通常會在行動前持續確認，不會貿然行動；但若自以為已經確定目標或不在乎目標時，多會以思考行動或直接行動為先，這樣的做法有時有用，有時卻可能在過程中就迷失或偏離了。我將確認目標放在解決問題的第二階段，由於它連結了第一階段的釐

可以連結《提問力》
第117頁「關鍵理解如何決定？」
確認關鍵理解與課程內容的關係。

清狀況和第三階段的選定策略，象徵著第二階段必須從混亂的狀況中釐清問題，或是從看似單純的現況中找出深層的問題，確認了真正需要被處理的問題及期望達到的結果後，才會進入策略的決定。

這個尋求真正釐清與確認的過程，讓許多人感到不耐煩。多數人覺得，要解決問題就是快點開始動作，問題不是很明顯嗎？為何需要花這麼多時間討論我們到底遇到什麼問題呢？這樣的情緒反應，來自於不在乎問題產生的影響，因為目前還未感受到不適，所以事不關己；也有些人是因為亟欲快速解決問題，期望這些不良狀況能盡快被處理，或是理想狀況能快點實現。如果屈服於這樣的情緒而投入，過程或結果的不如預期反而放大了問題，也增加了團隊與個人的挫折，讓人更不想再經歷一次，不僅沒有達到解決問題的目的，還降低了自我效能。

如何才能真正掌握關鍵，是選定策略與行動前極為重要的一步。

關鍵理解的考量一、學生先備是依據

關鍵的決定該如何思考？課程設計的階段一當中有三個項目需要盤點，分別是課綱、教材、學生先備情形。對老師來說，前兩者是相對容易操作的。閱讀課綱以確認該學科、該階段、該主題之下需要學習的重點；閱讀教材以確認提供了哪些素材可供運用。然而學生先備情形呢？有些人在準備課程前，會先了解學生曾學習過哪些相關內容，也有些人是連結自己或過去學生的成長經驗，以推想學生的先備情形，卻忽略了課綱已經多次改變，孩子們的生活經驗也大不相同。

接著，我將以一篇介紹網球選手戴資穎的高中英文文本，說明釐清狀況後，老師如何根據學生先備情形來決定關鍵理解，完成階段二的確認目標。透過我與老師討論的歷程呈現，看看不同的思考方式對於關鍵理解的決定有什麼影響。為了清楚描述討論的進行，以下就用時序編號來呈現。

階段一、釐清狀況

時序一：老師完成文本內容分析，這是一篇介紹戴資穎成為羽球巨星與其具備人格特質的文章。老師提出了幾個他認為重要的內容，分別是①英文形容詞在人物側寫體裁中，具備的表達功能；②應用精確的英文形容詞描寫人物性格及成功人物的特質；③將習得的成功人物特質內化成自我精進的力量。

時序二：我詢問老師，③的內容是主要目的，或是培養①的載體呢？老師同意③是學生真正理解文本後可以掌握的內容，如果這份教材並非以這個主題來帶入①，那就可能是其他主題了，所以③並非主要目的。老師繼續表示，②的說明是結合了①和③，因此屬於重複的內容。

階段二、確認目標

時序三：我詢問老師，①中所指的表達功能是什麼，並說明這篇文章的哪個部分是他認為符合他想談的。老師指出，文章會先提出說明人物特質形容詞的句子，接著才帶出符合這個形容詞的事件。我接著問，為什麼需要這樣描述、可以達到什麼目的？老師還無法說清楚緣由。我又問道：「如果不這樣寫不行嗎？在描述特質上會有什麼不同呢？」

時序四：老師說明，他想要讓學生知道可以用這樣的方式描述，選擇合適的形容詞，並找出符合這個形容詞的事件。我沒有繼續詢問功能，只是跟老師確認他的目的是否是「選擇符合形容詞的對應事件」，老師的答案是肯定的。所以暫時決定，關鍵理解是「以形容詞描述人物並帶出對應事件，來說明人物性格特徵」。學生在這裡要特別關注的是，形容詞和對應事件之間的關係。

時序五：老師顯得有些遲疑，我又進一步詢問老師，學生是第一次學習這樣的內容嗎？老師表示，學生其實學過形容詞和事件的對應，只是主題不相同。換言之，學生是有這個概念的。我又繼續追問：「如果只寫形容詞，沒有後面句子對於事件的描述，不行嗎？」「如果只寫出主角所發生的事件，而沒有前面有形容詞的句子，不行嗎？」如果只有形容詞，讀者根本不知道作者為何會這麼評價主角；如果只有事件，讀者也無法知道作者寫出這一個事件的目的，以及對於這個事件的評價。

經過這樣的討論，我們將關鍵理解暫定為「以形容詞來凸顯或生動化人物事件的意義」，希望學生在這裡要關注的是，這樣的結構在評價與凸顯人物特質上的表達效果。

時序六：我向老師說明，目前找出的兩個關鍵理解是沒有問題的，都是值得學習的，也符合這個階段需要學習的內容，最後決定的考量就在於學生先備情形。最終老師選擇了後者，因為前者已經運用其他主題的文章學習過了。當目標設定為後者時，如果學生過去沒有學會前者的關鍵理解，又或者還無法有效遷移到其他主題情境的，都可以在達成後者的過程中同步再澄清前者。

在這樣的來回辯證過程中，可以讓我們同理老師的不確定或多種期待，同時也能讓我們知道許多概念是相互關聯的。在進入更高階的關鍵理解學習時，有機會重新學習較基礎的關鍵理解。

關鍵理解的考量二、抽離現象的理解

除了考量學生的先備情形外，關鍵的決定還要如何思考呢？另一個考量是不讓學習的設定只停留在事實的理解或記憶。

有些學科的學習內容會受到選取文本的影響，有些學科知識結構強，所以不論教材是什麼內容，都能清楚地列出這個主題需要學習的重點，甚至有些老師還習慣說出有哪些常考題，像是數學、自然或是部分社會學科。在與這類學科老師討論時，常常會遇到一種情形是老師們著重的是專有名詞的定義、類別或重要例子。

當這些東西在課堂上被呈現出來，學生常常無法真正理解。以下我將以國小五年級社會領域的「社會規範」單元為例來說明，了解如何提取出真正的關鍵理解。

階段一、釐清狀況

時序一：老師整理出教科書中的重要內容，包括為了維持社會秩序，必須有風俗習慣、倫理道德、宗教信仰、法律等社會規範。風俗習慣是長時間生活經驗的累積，各地風俗習慣不同；倫理道德是人與人之間合宜的相處方式及是非判斷的標準；多數宗教有正面意義，有戒律規範教徒行為；法律具有強制力。

時序二：老師找出課綱內相符的內容，例如Aa-III-2規範（可包括習俗、道德、宗教或法律等）能導引個人與群體行為，維持社會秩序與運作；Aa-III-4在民主社會個人須遵守社會規範，理性溝通、理解包容與相互尊重；2c-III-2體認並願意維護公民價值與生活方式。

階段二、確認目標

時序三：老師根據教材與課綱的梳理，決定關鍵理解是各種社會規範的定義及其如何影響或約束人們的行為。我詢問老師，這樣的關鍵理解代表學生要記住每一種的定義，也要知道每一種對於行為的影響嗎？介紹這麼多的細節，是為了讓學生記住嗎？

時序四：我追問老師，這麼多的內容要如何安排？老師說明了這些內容發展的次序：（覺察）行為被規範所影響→（發現）生活中有規範的種類與內容→（分析）規範的意義與影響→（評估）合宜的生活方式。我接著詢問老師，為何「覺察被影響」安排在第一個？老師認為，要先讓學生覺察社會規範會影響大家的行動、知道社會規範是存在的。我進一步詢問老師，哪個部分是真實世界曾經體驗到的，哪些並不直觀而是學術定義的？在這樣詢問之後，老師就能夠清楚說出學生被社會規範影響是真實存在的，但這些用詞或分類則是概念性的，無法體驗感受。

時序五：在與老師確認後，我們將關鍵理解訂為「人們回應與理解世界的方式受到所處社會文化的影響」。也就是說，先讓學生意識到自己為何會做出某種判斷與行為，進而後設分析發現社會規範的存在。

原本的課程只是聚焦在讓學生知道有社會規範，進而了解範疇與內涵，但這樣並無法凸顯與真正理解到條目Aa-III-2社會規範「引導」個人與群體行為。引導這兩個字是需要合適的情境安排，透過教學與提問設計，才有機會真正被學生體會。所以，「理解個人與群體如何被規範影響，這種影響如何維持社會運作，又如何幫助我們理解異同，而能知道規範的價值，與如何在其中因應與面對方式」這樣的內容，成為我們重新確認後的新目標。相較於原本僅停留在事實記憶的舊目標，新目標能讓學生掌握社會規範真正的運作，以及和自己的連結。

如果關鍵理解無法抽離現象，很難提出可遷移的持久理解。這樣，學習很可能就成為知識的堆砌了。

關鍵理解的考量三、點狀學習或系統發展

關鍵的決定該要如何思考呢？以課程設計來看，這裡所指的關鍵是學生要掌握的理解是什麼。

這時，所要解決的就是「如何讓學生學會」的問題。如果把學習時間拉得更長，那問題就不再只是著眼於一個小單元或一篇文本，而是更完整地被定義為「如何讓學生建立該學科的重要原則、特有能力與態度價值」。當我們不是以如何讓學生學會一個單元、一個概念，而是以學生在某個階段的發展來思考時，問題的重點就會不同，釐清狀況階段要蒐集與思考的資訊也跟著不同了。

首先，發展必然跟過去、現在與未來的時間軸有關，必須進行脈絡分析；再者，把當下這個學期或學年當成一個系統，分析與思考著如何讓這一年要達

成的發展做出理想安排，決定先後次序，也決定每一個單元要聚焦的學習重點。五年級有一篇文章是〈衝破逆境〉，這篇文章被安排在一個學期的最後。接下來，我們就用這個學習為例進行討論。

概念學習的考量

階段一、釐清狀況

時序一：老師盤點完課程後，決定了兩個相關的學習重點，一是學習內容條目Ad-III-2「篇章的大意、主旨、結構與寓意」，二是學習表現條目5-III-8「運用自我提問、推論等策略，推論文本隱含的因果訊息或觀點」。

時序二：為了釐清老師釐清狀況的思考，我對老師提出了幾個問題。第一個問題是，老師選擇第一個條目想要著重哪個部分？老師表示，這篇文章作者提到一路逆風，因為起飛其實是要逆風而非順風，希望學生能知道衝破逆境才能成長，所以真正目的是要學生能夠說明主旨。

時序三：我進一步詢問，這個主旨不容易發現嗎？學生還不知道如何找出主旨嗎？老師表示，主旨應該不難找，以前也提過，所以這個條目其實是學生已經學過（會）的內容了。

時序四：在釐清了第一個條目不是關鍵後，接著我便提出了第二個問題。由於第二個條目是關於閱讀的，我詢問老師為什麼這篇文章適合培養這個條目？學生在閱讀過程或是回應什麼問題時會出現這樣的閱讀歷程？老師表示，他想要讓學生了解作者的觀點（一路逆風），並從文本中找出支持觀點的論述。

階段二、確認目標

時序五：我請老師再次確認，他希望學生做的事與他所選擇的條目間的關係。在梳理之後，便對於原本「運用自我提問、推論等策略，導出文本隱含的因果訊息或觀點」進行刪減，確認想要做的事情是「運用推論的策略，導出文本隱含的觀點」。

時序六：老師確認了這篇文章的哪個部分需要運用這樣的策略，我們共同討論後，將關鍵理解訂為「從文章安排的事件或現象在意義上的一致性，推論出文章隱含的觀點」，讓學生能發現事件與意義之間的關係。

每當老師們提出「如何讓學生學習閱讀理解」，我總是會多問一些，畢竟每堂課都會有閱讀的元素在其中，如果只在乎學生讀懂內容，就代表完成了學習嗎？這樣和閱讀課的差異是什麼？或許有些老師會覺得，學生連讀懂內容都很困難，需要老師許多的解釋或帶領，倘若沒有老師的協助，學生是否就無法完成了？那麼在這樣的課程後，學生除了多知道一些事情外，似乎並未增加未來理解這個學科的方式。因此，追問老師想要關注閱讀歷程中的哪個部分，就變得很重要了。

以上的梳理過程是以一個單元或一篇文章的學習來確認關鍵，老師可以透過不斷地自我提問，盤點課綱設定、教材文本的內容與學生先備情形，聚焦形成這次學習期望達成的關鍵理解。

但如果不只是這樣點狀的考量，而是換成以學生的發展來思考，又會是如何呢？

學習發展的考量

階段一、釐清狀況

時序一：在我與老師對話之初，我詢問老師，這篇文章還有什麼語文知識是學生尚未學習過的？老師說，這是一篇議論文，但文本中的議論文結構已透過其他課文學過了，所以才把重點放在閱讀。

時序二：我向老師確認這篇文章是否容易理解，老師提到，第七課有另一篇文章也提到了面對逆境，所以意義上是不難理解的。

時序三：我詢問老師，這兩篇文章都以面對逆境為內容，其他部分有何差異？老師提到第七課是記敘文，這一課是議論文。

階段二、確認目標

時序四：我詢問老師，如果作者想要表達一種想法，為什麼有時候會用記敘文，有時候卻是用議論文呢？老師說明了不同文體的特性。我追問，為什麼需要學習用不同方式來說明一樣的道理呢？

時序五：我詢問老師，學生是否曾經學習過，依據想要帶給讀者的感受而選擇使用不同文體來表達觀點？老師說，目前還沒有特別這麼做過。我接續詢問：「同一個觀點用記敘文表示或用議論文表示，除了文體上的差異外，在表達的目的或效果上有什麼不同？」

時序六：老師比較與說明了兩者差異，我們共同討論後，將關鍵理解訂為「不同的表達形式在溝通功能上的差異」，讓學生能發現不同文體的表達方式（結構）對於讀者理解與感受（功能）的影響。

如果要以一學期（年）的學習發展進行思考，在開學前備課時，便應以全學期需要學習的文本做為範圍（系統），根據課綱內容與學生先備的情形，分析每一篇文本能夠發展的語文概念或能力。比較各文本後，選定各文本的關鍵理解，並決定文本間如何安排次序或連結。

如同前面所做的討論，雖然不是開學前就已經系統思考並決定了學生的學習發展，但經由這樣的跨文本連結，我們就能知道如何以學生學習發展來決定關鍵理解，不再只是教完教材，而是將教材做為協助我們進行學習設計所用。

前述的兩種討論，第一種是以一個單元或概念為考量，當老師確認議論文的特性已經處理過了，便決定把重點放在能力培養；第二種則是以發展為考量，透過跨課的連結，運用同一冊中一課以記敘文說明逆境，對比透過議論文來描述逆境的文章，進而理解不同的表達方式在溝通功能上的差異。無論是何種方式，老師們需要跳脫慣性與框架，不斷自我對話，思考自己所教授的學科為何需要學習這些內容，以及什麼才是真正需要被理解的。

有了這樣的思辨，將更有助於掌握關鍵理解。目標對了，第三階段的策略擬定才有意義。

關鍵理解的考量四、不同學習階段並非只是知識量增加

你是否曾經聽過學生提到，從國小到國中甚至高中，學習的差別就只是對同一件事情越說越多，內容越來越複雜，越來越困難而已？如果不是，那我們又該如何思考不同學習階段的關鍵理解呢？

小時候的我們和長大後的我們，都有解決問題的能力，差別就在於解決的問題不同。問題的範圍與特性，從在我們身邊的事情到遠離我們生活的事情，從可以具體觀察與體驗的事情，再到可能是抽象的或是無法真實接觸的事情，這種種差異使得問題的條件變多，需要透過條件分析，才有機會找出隱含其中的真正問題。所以，學習階段改變後，不只是解決問題需要的能力更多了，問題的關鍵也更不直觀了。

如果只是知識變得更多而已，那學習就只被簡化為記憶力的較量了，但我們都知道事情沒有這麼簡單。

以記敘文的學習為例，第一學習階段（國小低年級）的重點在於掌握敘事的次序，一件事情怎麼開始的，經歷了哪些過程，最後的結果是什麼，理解起因、經過與結果，讓學生知道如何清楚地陳述一件事情。第二學習階段（國小

中年級）描述的事件變多了，一個事件歷經較長的時間或是需要被描述的內容更仔細了，讓學生知道依據時間順序的論述安排是一種可行的方法，順敘法便成為正式進入記敘文文體學習的第一個「專有名詞」。之後，更進一步讓學生思考描述事件的目的。而如果要達到這樣的目的，事件中的哪些資訊是需要被放入的？由此，學生能選擇與運用適切的人事時地物來達到敘事的目的，就是這裡的學習重點。

隨著學習階段的增長，記敘文就不只是記錄下經歷的事情與感受了，更有著其他表達上的功能。例如借事說理，學生能掌握如何透過選擇與描述合適的事例，達到說明事理的功能。又例如倒敘法、插敘法等，學生更會進一步學習透過事件時間順序的論述安排，以完成不同表達功能。就像是倒敘法讓人好奇於事情結局是怎麼發生的，而增加了對於讀者的吸引力。當學生進入中學後，同樣是記敘文學習，學生將能掌握如何調整事件中每個片段描述的比例，哪些片段中特定人事物需要被細膩描寫，才能表達作者的情感，讓讀者進入作者想要表達的感受與意義。

記敘文的學習更進一步地讓學生藉由閱讀不同時期的文本，透過分析作者選取的素材、描述的重點與傳達的觀點，掌握作者所處時代背景，推論作者與所處時代的關係，賞析文學作品內人、事、物的互動與關聯，反思自身所處的當下與相關事件。

不同階段的學習絕非只是內容的增加，更是從表象具體到深層抽象的歷程。如何帶給學生更高階的關鍵理解，考驗著老師們能否充分掌握學科本質。透過這樣的學習發展安排，將提升學生理解學科的能力，掌握學科詮釋事情的視角與方式。

意義探詢是提問的起點

如果學習僅是對於現象的認識、知道與累積，那我們問什麼問題或提不提得出問題，都對學習能否發生的影響不大了。因為目標是什麼，策略也不可能超越這個範疇，提出的問題就無助於學生對於世界有更深刻的認識。在學生仔細觀察事實後，老師或學生進一步對於事實呈現與連結方式的那句「為什麼」，就開啟了師生對於意義探詢的歷程。關鍵理解的掌握，提供了我們對於現象的詮釋，在確認目標階段對於關鍵理解的反覆琢磨，讓問題解決的歷程產生了積極的意義。

理解問一問

1. 課程設計為什麼需要確認關鍵理解？
2. 關鍵理解的決定需要考量哪些因素？
3. 關鍵理解對於課程設計者有何幫助？

有沒有更合宜的思考路徑？
面對問題你是怎麼思考的？
策略
時間
環境
活動
引導提問
評量
確認
目標
專家思維
表現任務
21 世紀的教師
必須是提問專家
偉瑩老師
點狀學習
vs.
系統發展
建立不同階段的
原則、能力、態度、價值
不只是知識量的增加

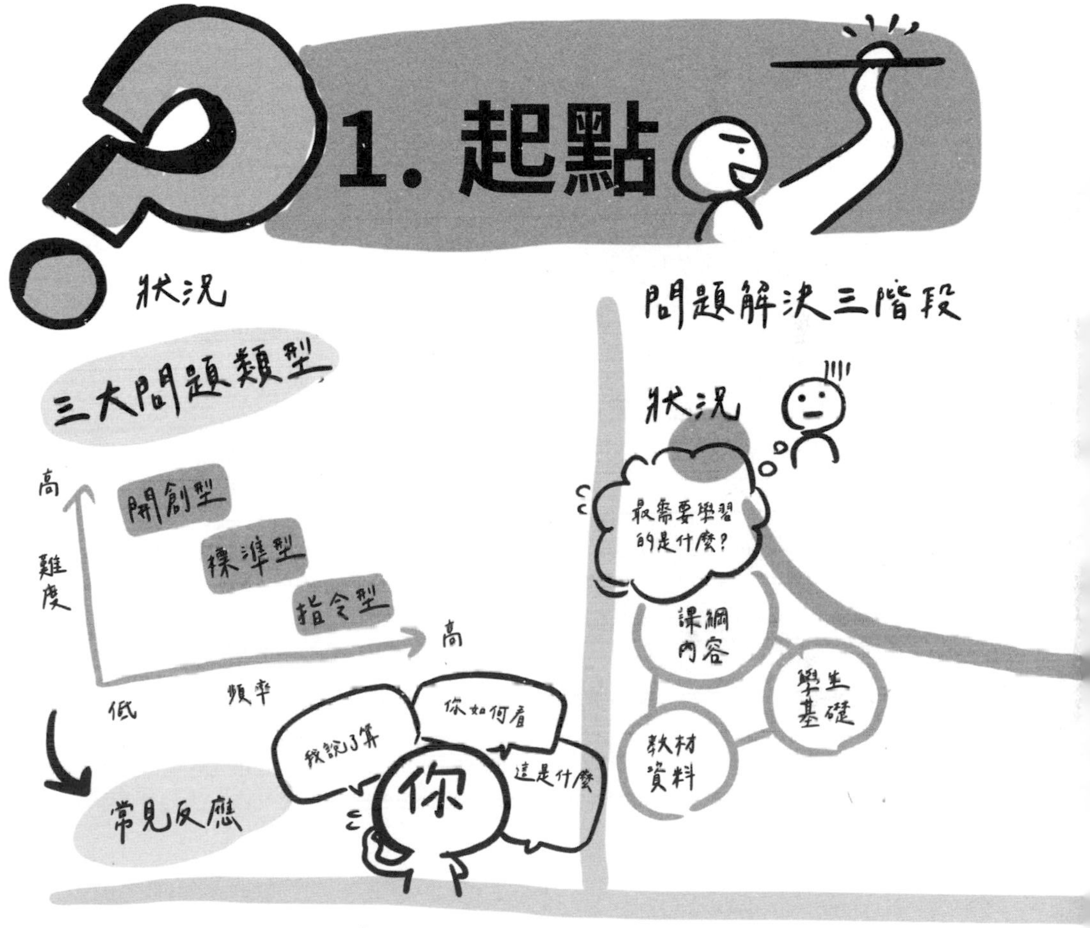
1. 起點
狀況
三大問題類型
高
難度
開創型
標準型
指令型
高
低
頻率
常見反應
我說了算
你如何看
這是什麼
你
問題解決三階段
狀況
最需要學習的是什麼?
課綱內容
學生基礎
教材資料
關鍵理解的考量
L1
A
L2
A
關鍵點
了解學生的先備知識
避免抽離現象的理解

真正的提問不會只是思考後的產物，而是思考的一部分，

用提問指引著思考的方向，引導著思考或身體的行動。

提問者在理解提問與思考的關係後，便能成為善用這個好處的人，

在適切的時機出現時，透過提問讓自己或團隊開始了共創的歷程。

第二部 思考

帶著問題出發 ——

- 為何有些人的思考結果較有意義或影響力？
- 什麼樣的情境能導引出更有生產力的提問與思考？

5

〔解讀視角〕

專家是如何理解世界的？

「這世界最難以理解的是它竟可被理解。」

——科學家愛因斯坦

在找到讓學生學會的解決問題歷程中，釐清與確認關鍵理解後，應該就可以開始設計教學了吧？在確認目標這個階段，我還提出了另一個項目——專家思維。除了讓學生理解知識的關鍵，還需要知道專家們是如何思考這些事情的。常有人說，不同領域的人思考方式或邏輯不同，所以每一個學科專家的思考方式差異甚大。如果老師除了得教學科知識，還要教學科專家怎麼思考，教學內容豈不是更多了嗎？這麼說來，目標多了一個專家思維，到底有何意義？

擅長與不擅長的發現

想想過去的學習經驗，在面對自己擅長或不擅長的領域時，我們的反應有什麼差異？通常面對擅長的領域時，總是會在看到相關資訊就知道哪些資訊是重要的，並且開始比對資料間的異同，分析資料間的關係，推論這些現象可能的原因，形成合理的觀點。當我們在面對不擅長的領域時，總是無法從一堆資訊中理出頭緒，分辨不出哪些是重要的，更不可能思考該如何解讀。

如果你問那些能夠在特定領域表現得很好的人，為什麼他們總是能夠快速抓到重點，釐清背後的意義？他們會告訴你，這個領域的專家在乎的是哪種類型的現象、想要探究的是何種意義。好比科學家在乎的是物質世界的特性與變化，讓人們可以理解與預測自然界的現象；語文專家在乎的是文字的形式與排列，透過合宜的表達方式，以達到不同的溝通效果；而數學家在意的是，如何將複雜的世界以數字與符號、函數或幾何圖形來呈現，簡化其複雜性。

我們無法學好一個領域，往往是因為未能掌握這個領域是怎麼看世界的。「看世界」談的是哪些資訊需要看，以及如何看，專家思維便是關注在需要看與如何看。關鍵理解雖然讓我們清楚了最終要讓學生理解到什麼，但學生可能只是透過我們才知道這個意義的存在，我們仍然沒有解構專家自動化的歷程。這樣的習得，不代表學生必然知道我們與專家是如何發現的，所以他未來如何能自己發現呢？換言之，你在乎的是教會學生結果，還是教會他怎麼找到結果？只有後者才能確保學生未來能自己學習。

當我們解構了關鍵理解發現過程中的專家視角，才有可能知道該如何引出這樣的思考歷程。

世界被詮釋的方式

既然掌握專家如何認識世界、詮釋世界的方式，對於學生的學習是這麼重要，那接下來我們需要了解的便是，專家是如何探究世界的。提到探究這個詞，許多人馬上聯想到的是科學，總認為只有自然科學才有所謂的觀察、假設、實驗與解釋推理等歷程，如果回到我們自己擅長的科目想想，難道不是科學就沒有這些相似的歷程了嗎？

以數學的學習來說，國小三年級學生要學習規律性，什麼是規律性呢？許多父母或老師在孩子幼兒園時期會讓他們練習的遊戲本，裡面的問題常常是透過觀察前面的資訊來推測後面會出現的是什麼。如果不清楚這樣的推測是來自於掌握了規律性，就會把它當成智力測驗，想要看看孩子能否找出答案。

同樣的問題到了國小三年級後就不再那麼簡單，孩子們要能夠推測就必須從觀察開始，找出一連串的資訊有哪些元素，是不同數字、不同形狀、不同圖形或是不同顏色等。接著仔細觀察每個資訊是什麼屬性、次序是怎麼排列的，例如共有五個依序排列的資訊，分別是紅色的三角形、白色的圓形、藍色的正方形、紅色的三角形、白色的圓形。從觀察組織的資料中，分析排列的規則，最終便能推論出第六個資訊將會是藍色的正方形。這樣的過程同樣包含觀察（每個資訊的屬性、排列的次序）、假設（排列的規則）、驗證（以第四個資訊形成對於規則的假設，並用第五個資訊來進行驗證）。完成後，老師可以請學生提出解釋推理。

認識世界都是從觀察開始。只是，不同學科領域會因為關注的範疇不一樣，被觀察的資訊屬性也有差異，所以便出現了看起來不一樣但本質相同的觀察行動。透過仔細的觀察，形成暫時的答案（假設），再經由不同學科領域的驗證方式，最終確認，並提出完整的解釋推理。

除了認識世界的方式有共同之處，詮釋世界的方式也存在著學科領域間的共同性嗎？可以確定的是，不同學科領域在詮釋世界的結果上有很大的不同，所以才形成這麼多不同的專業，也就是為何我們總覺得學科間是難以相互理解的。但別忘了，前面的討論已經告訴我們，這樣的差異源自於每個學科領域關注的範疇與目的不同所致。接下來，我們要進一步探討各學科領域在詮釋世界時是如何思考的。

美國新世代科學標準（the Next Generation Science Standards，NGSS）**註**從一九九六年推出，到二〇一三年公布最終版，除了呈現各學科重要的概念外，也特別提出「跨領域概念」。這裡所指的跨領域概念，便是強調不同學科間有哪些思考現象的共同性，包含現象的模式（pattern）、系統與模型（system & system model）、結構與功能（structure & function）等共七個跨領域概念。不同的科學範疇，關注的現象與目的不同，但都同樣地會以這七個概念來思考與描述現象背後的抽象意義。相似情形也出現在IB國際文憑課程中的核心概念（key concepts）和相關概念（related concepts），不同的學科領域可以運用相同的核心概念，例如模式、改變等，進而連結學科形成相關概念。這種分類的目的，也是希望學生能運用此法來掌握概念的原則，促進持久理解與遷移。

類似情形在不同的教育體制中存在著，大家都試圖以更系統性的方式為學科領域的知識進行分類。這樣的分類並非只是以內容或主題來進行，而分別依循著大家想要達成的學習目的來規劃，專家思維也在這樣的期待下形成。只要是真正理解學科的老師，要設定關鍵理解多半不是難事，但要分析出自己是如何找出這樣的關鍵理解，那就如同前面所討論的，有些慣性需要被克服。

找出專家思維，不僅是為了讓學生知道特定學科領域的專家是如何思考的，更希望學生能夠發現，即使所關注的範疇與目的不同，但人們在思考這些現象與意義上是存在著共同性的。一旦發現這些共同性，便能在不同的學科學習中，運用相似的探究歷程（但學科可能有特有的探究方法與工具），加上相同的思考歷程（但運用來思考的現象不同），發現學科領域的意義。一旦掌握這些共同性，便很容易在不同學科領域間切換，也能理解他人如何思考。如此一來，學習這件事情就變得更容易了。

註：除了美國科學課程標準外，美國國家研究委員會（National Research Council，NRC）還針對語文和數學提出了美國「共同核心標準」（Common Core State Standards，CCSS），兩者相互連結後可達成各學科間的連貫、統整與銜接。

以下我就以各領域學科都會有的專家思維——「關係」為例，分別說明數學、國語文、自然等學科。

國小學習到的第一個關於分數的概念，就是「部分」與「整體」。課程中，讓學生觀察與思考兩者的關係，再觀察與分析這樣的關係如何透過數字來表徵，進而掌握意義和表達方式的轉換與對應關係。所以，這部分是有兩種關係要被探討的。

而國小學習到第一個有關議論文的概念，就是「論點」與「論據」。課程中，先確認學生理解文本的意義與主旨，提出作者的論點，並找出支持它的論據，再分析兩者間的關係。透過分析論點與論據代表的意義，了解兩者的對應關係，掌握議論文中最初階的關鍵理解。

至於自然科，國小學習到力的大小與產生效應的關係。課程中，學生觀察並記錄下彈簧下掛重物的變化情形，掛著不同的重物代表彈簧受到不同的力所作用。學生透過記錄結果的比較，發現力的大小與彈簧伸長量之間的關係，掌握力的效應最初的理解。

這三個不同的學科領域，分別以觀察、閱讀或實作等方式進行探究。在過程中，針對不同主題範疇，分別找出部分與整體（數學）、論點與論據（國語文）、力的大小與效應（自然）之間的關係，達到運用數字描述世界（數學）、運用語文表達與溝通（國語文）、找出物質世界變化原則（自然）等目的。不同專家關注著不同的範疇，為了不同的目的在觀看世界、詮釋世界，即便表面上看起來如此不同，這些專家卻進行著相似的思考。同樣在掌握了「看世界」的方式，發現不同學科領域探究次序的相似之處，以及不同學科探究過程思考的共同性，我們便擁有了詮釋世界的視角與能力。

學科本質的偏離

既然專家思維在解決學生學習的問題上是重要的，那麼教學現場目前的情形是如何？我們又可以用什麼方法來找出專家思維呢？首先我們來談談，當教師沒有啟動專家思維時，對學生學習與課程規劃會產生什麼影響。

國小三年級有篇文章的名稱是〈臺灣的山椒魚〉，文章中描述了台灣山椒魚為何獨特，生活環境、外觀、習性等資料，是典型的說明文。老師在課程一開始先播放山椒魚的影片，影片涵蓋了文章中所有的資訊，所以學生在觀看影片後就認識了山椒魚。接著，老師再請學生閱讀文本，每讀完一段，便提問請學生回憶影片中的觀察。

課程結束後，我先描述了對於學生學習的觀察，然後針對課程安排與老師進行討論。以下是依序提出的問題：

- 安排學生觀賞影片的目的？
- 影片與文章之間的關係是什麼？
- 學生認識到山椒魚是透過影片，還是經由文本閱讀？
- 在看過影片後，閱讀文本的目的是什麼？學生能從後續的文本中獲得哪些額外的理解？
- 自然領域課程如果也會介紹山椒魚，那麼介紹的重點會和國語文課有什麼差異？
- 國語文課程的目的是認識山椒魚，或是透過介紹山椒魚的文本學習什麼樣的語文知識？

這一連串的討論到最終，老師停頓了，思考著如果回到國語文領域，最關鍵的事情會是什麼？老師在課程準備時，將重點放在內容，讓課程重點聚焦在自然領域的細節中。如果回到國語文的學科本質，老師便意識到，語文在表達形式上的目的。一旦回到學科關注的範圍，專家思維才可能啟動。換言之，先注意到「看世界」的範疇，才可能注意相關的資訊。相關資訊被凸顯後，才會發現這篇文章有哪些候選的關鍵理解。如果將「看世界」的邏輯，聚焦在為什麼介紹山椒魚時要介紹這些內容，這時就會開始連結說明內容與動物特性的「關係」比對；當將「看世界」的邏輯聚焦在為什麼介紹山椒魚時需要以這樣的段落安排來描述，此時便會開始分析這些段落「結構」為何能夠達成清楚說明的「功能」。

若在盤點狀況後，沒有分析與確認專家思維，那麼課程中的訊息很可能只是依序呈現，讓學生習得斷裂的知識，或如同這個例子所述的完全偏離學科本質了。由此可知，專家思維形成的第一個要件是，先掌握領域關注的範疇與詮釋世界的目的。

專家思維的自我覺察

專家思維形成的第二個要件是，意識到自己的自動化，並且刻意地解構自己的直覺。有許多已經精熟於特定學科的人（包含教師），在「看世界」時，已自動連結到關注的範疇，並快速腦補，能對於世界提出詮釋、為何是這樣詮釋，以及如何進行詮釋，一切都已經自動化到連自己都沒有覺察到。一個要幫助他人學習的教師，如果嚴重自動化，很可能錯失讓學生習得專家思維的機會。

既然思考的進行都自動化了，該如何啟動專家思維的分析呢？我將以五年級國語文〈幸福的味道〉為例，說明幾種常見的情形，提供後設分析的方法。

狀況一：如果你已決定了教學活動與進行次序

詢問自己每一個活動想要讓學生發現的知識，以及這些知識發現的次序間有什麼關聯。如果知識發現的次序有前後的脈絡意義，詢問自己這樣的次序要帶出的思考是什麼。例如，當我們安排學生先閱讀文本，說明主旨，接著請學生找出篇名〈幸福的味道〉是指哪些味道，讓學生掌握具體事件和抽象情感的對應關係。

透過這樣的分析，可以確認自己是如何進行思考的，同時有意識地引導與判斷學生的思考，而不只是完成活動。

狀況二：如果你已確定了最終學生要掌握的理解

當我們已經確認學生需要習得的理解，接著就詢問自己，這個關鍵理解為何需要被學會？從哪些資訊中發現這個關鍵理解的存在？以及，這些資訊是如何分析才會形成最終的理解？例如，當我們希望學生掌握的理解是「以具體事件來表達抽象情感的目的」，我們可以問自己，文本中的哪些部分符合這個理解的例子？為何這些部分是符合的？這樣的表達方式為什麼獨特到需要被特別指出？有什麼特別的表達效果？透過這樣的歷程，我們就可以知道自己是如何思考而發現的，以至於在達成最終概念學習的歷程中，便會有意識地引導學生產生和我們一樣的觀察和分析，進而經歷並掌握專家思維。

狀況三：如果你已設計了課堂的提問

透過分析已經設計好的問題，我們可以發掘想要引出的解答歷程，以及期望學生在解決問題的過程中要注意的資訊，並且如何從資訊中形成最終的關鍵理解。例如，當我們詢問「為什麼幸福有味道？」或「幸福是什麼味道？」時，就會引出完全不同的思考歷程。前者要探究的是「抽象幸福為何是以具體味道來呈現」，思考的是以具體事件表達抽象情感的目的；後者探究的是「幸福是指什麼味道」，關注的是抽象情感與具體事件間的對應關係。透過這樣的歷程，我們就能後設自己為何要提出這樣的問題，進而找出發現關鍵理解的歷程，最後便能運用提問凸顯出歷程潛藏的專家思維。

讓學生成爲自己的老師

如果課堂學習的最終目的是傳達領域學科的知識，那麼老師就是一個不可或缺的存在。當然，這個論述在數位學習的時代下，也可能有了不同的解釋方式。但若課堂學習的最終目的是要讓學生學會學科的素養，那我們進入教室要解決的問題便是，如何讓學生在發展重要概念的歷程中，能同時培養掌握學科價值與學科探究的方式，而專家思維便是連結學科重要概念與探究方式的關鍵。

如果無法讓學生學習如同專家的方式來看世界，那麼學生將永遠無法自己學習，更沒有機會如同專家般發現與形成新知識。如果這麼重要的項目沒有被放入階段二確認目標中，那麼解決問題第三階段的選定策略就缺乏了有力依據，我們真的解決問題了嗎？

理解問一問

- 課程設計為何需要專家思維？
- 專家思維要如何分析與決定？
- 要如何避免思維產生自動化？

6

專家思維

為什麼要學會這樣思考？

「思考可以構成一座橋，讓我們通向新知識。」

——德國物理學家馬克斯・普朗克（Max Planck）

在論述了專家思維對於學生學習的重要性後，另一個問題是，這樣的過程只是有益於學生學習嗎？對於老師解決問題有沒有幫助？又或者增加這一個條件，是為了得到更好的答案嗎？

這樣我們該要討論的事情就變成了：專家思維可以幫我們提出更好的問題嗎？如果可以，它是如何做到的？

專家思維的影響力

專家思維對於解決問題的影響常常是難以直接發現與觀察的，這也是它容易被遺忘或忽視的原因。解決問題的歷程中，哪些部分會與專家思維有關呢？這個問題或許應該被改為「解決問題的歷程中，哪些部分不會與專家思維有關呢？」專家思維如果對於每個階段都有影響，怎麼會在第二階段確認目標時才出現呢？我將以一個跨領域課程的討論為例，來看看專家思維是如何影響著整個解決問題的歷程與結果。這個課程的內容來自於一個區域培力計畫的協助，台中市立沙鹿高工李明融老師想以校園常見的廚餘問題著手，切入永續發展的議題探討。

階段一、釐清狀況

首先，老師梳理課程的設計理念，這樣的梳理是植基於聯合國永續發展項目。老師選擇了SDG第二項消除飢餓下的「2-1確保所有的人全年都有安全、營養和充足的食物」，以及第十二項責任消費與生產下的「12-3將零售和消費環節的全球人均糧食浪費減半，減少生產和供應環節的糧食損失」，與

「12-5透過預防、減量、回收和再利用，大幅減少廢棄物的產生」。老師更進一步說明自己的想法，選擇以學校廚餘的現象出發，期望能思考以下的事項：

- 共同採購與監督品質的平台
- 個別化健康需求與選擇性
- 就近供餐以維持品質與減碳
- 剩食的運用與處理
- 學生參與及監督的機制

這些理念與關注內容來自於學校真實的情形，包括團膳的製作、運送到最後學生食用往往已經隔了至少兩個小時，食物燜久了不僅可能影響品質，也讓味道變差，學生不喜歡吃，導致廚餘變多，更衍生了訂購外食、食用泡麵或麵包的情形，讓衛生安全與垃圾處理都變成了新的困擾。而其他與團膳有關的制度等，也造成運作上的困難。

老師在設計課程之初，往往會提出許多想要帶學生認識或討論的內容，有些老師會直接將這些內容轉為課程的不同單元，課程就變成一本概論，廣泛地談論與這個主題有關的事情。這樣的規劃能夠讓學生「認識」許多現象，但因為侷限於特定現象討論，常常難以遷移到其他主題情境，而降低了學習效益，或是讓人質疑學習這些內容的目的。為了避免這樣的情形，在此階段不能只停留在把所有的想法寫出來，這樣是很難產生有效的目標確認，我們必須開始梳理這些想法間的關係。

梳理想法間的關係就像是在寫一篇有邏輯的文章，又或是當成寫一個故事，將課程期待發生的歷程梳理出意義連貫的脈絡。這時，我會請老師們思考的是想法之間的關係，要如何鋪陳，讓每個想法的登場能承接前後的想法。當老師們發現了有無法放入的部分，就必須思考這個想法是否還有未完全被了解的地方，以至於找不出合適的連結，又或者這個想法真的就是另一個脈絡，不合適放入現在梳理出來的內容。這是持續對現象探究與想法取捨的過程。老師們必須知道的是，我們如果無法把故事說清楚，那就表示還沒有找到想要透過課程解決的問題（學生該要產生何種學習）。

老師們開始將想法做出不同的排列組合，也嘗試說出各種可能的故事。最後被留下來的現象與想法，必然是取捨後的結果，而取捨的依據來自於學生的學習階段與發展情形，才不至於出現學生在不同階段重複學習。特別是這次廚餘的主題，更常在不同學習階段都被關注著。

至於老師們怎麼能夠說出有脈絡的故事呢？這是因為老師從原本散亂的現象中，找出了彼此的關係，讓這些現象因為相關連結而能看見更深層的意義。這種連結現象的過程便是專家思維發生的作用，只是老師們在這時還不知道自己腦中自動化的出現，以及為何能夠說出這樣的故事。專家思維在此階段的作用便是組織資訊，讓混亂的情形變成清晰可理解；另一個作用則是在現有資訊還無法組織形成意義時，讓自己能持續找出資訊（進一步觀察），直到讓雜亂資訊形成有意義的脈絡為止。

階段二、確認目標

在老師說出有脈絡的故事之後，便進入階段二確認目標。這個階段要找出故事最終的關鍵理解，以及歷程中要產生的專家思維。我想有些人會覺得納悶，既然第一階段都能夠說一個故事，不就表示已經知道結局了嗎？有了結局怎麼可能不知道最終的關鍵理解呢？

大家可以想想生活中常出現的片段，有時我們在與別人對談時，總會先提出我們對一件事情的觀點，此時的觀點常以兩種方式來表達：一是我們認為事情該要怎麼進行或看到結局的現象，另一種則是抽象描述的想法。這兩種方式恰好是表達上的兩極，前者無法知道現象代表的意義，後者則是無法想像意義的對應現象，以至於對於抽象描述無法理解或各自表述。在說出觀點後，我們往往會繼續說明想法，這時的說明不只是對別人，其實也是對自己。我們透過想把話說清楚來釐清想法，論證自己為何會有這樣的觀點，以及這個觀點會被什麼證據支持。當一切現象與意義是那麼地緊密連結與合乎邏輯時，我們將重新論述一次想法，這時，再說出口的語句就不同於最初的內容了，真正的關鍵理解在此時才塵埃落定。

課程設計的第二階段就是重新論述的過程，再一次檢視了第一階段盤點的結果，老師們後設了自己關注現象（或文本）的哪些部分，以及想要從中發現什麼意義。此時，就能粗略地找出專家思維是什麼，幫助我們分析自己的意義是如何發展的，以便更清楚地說出關鍵理解的內容。

在這個階段，明融老師考量到高中生應該在前面的學習階段，理解人們在使用團膳這件事情上的各種決定與行動，來自於自己如何看待飲食選擇與使用的方式，所以放棄了原本選擇的「互動與關聯」的專家思維，而調整為「系統與模型」，期望更進一步讓學生真正了解問題的複雜性，思考根本的解決方式。

系統與模型的專家思維指的是，「了解特定現象所在的系統，分析系統中影響現象的元素，以及各元素的不同組成方式所形成的運作機制或模型」。這是一個比較高階的專家思維，先從複雜的世界中界定問題的範圍與相關元素，進而分析與了解特定現象如何在系統中產生運作，這個運作的形式便是模型。為幫助學生發展與運用這個高階的專家思維，老師選擇並運用學生熟識的主題，讓學生不需要花費太多時間來熟悉。更期待透過這樣的主題探究，發展出系統與模型的思維能力，以便遷移來處理真實世界更多的複雜現象與問題。

從明融老師的例子就能發現，為了幫助老師更清楚地掌握關鍵理解，便需要以專家思維來進行梳理，分析現象與意義間的關係，以及意義的發展脈絡。以這個課程為例，為了讓學生更快速具有系統與模型的專家思維，老師先以這幾年高中現場的一個重要變革、也就是到校時間延後的問題，讓學生意識到這樣的改變會連動到哪些事情，又該要如何考量與決定。

一連串現象與意義的分析就如同表3所呈現，可以清楚地幫助自己思考：我最終想要學生能夠做到什麼？如果學生能夠做到這些，是因為他們掌握了什麼意義？所以為了最後要能夠知道這個意義並完成任務，我要讓學生怎麼發現這個意義的存在呢？為什麼我想要選擇這個現象或事實來探究意義呢？我想讓

表3 系統與模型的專家思維分析歷程

安排次序	現象分析 （系統的範圍與元素）	意義發現 （模型的運作原則）
1	上學時間調整所涉及的 政策、制度與相關人事物	在達成調整目的下的 考量與運作
2	團膳運作所涉及的 政策、制度與相關人事物	在達成現有目的下的 考量與運作
3	團膳運作衍生問題的 政策制度與相關人事物	現有模型運作中的 矛盾與衝突
4	其他團膳運作的 政策制度與相關人事物	不同模型運作中的 優勢與可能性
5	合宜的團膳運作政策制度 與相關人事物	能兼顧現有目的與環境友善的 考量與運作

他們發現什麼意義？這樣的意義發現後接著該要發現什麼呢？兩個意義之間要怎麼連結才能流暢而不斷裂？所以最終我想要讓學生發現的關鍵理解是什麼？

透過這一連串的分析，原本在第一階段釐清狀況時較為直覺的發想，就變成了有意識地自我解構與分析，幫助老師更清楚最終的關鍵理解是，「現象或問題所處的系統中，每個元素對於現象有其影響，元素間也是彼此連結與影響著，進而形成元素間特有的運作模式，而形成我們所看見的現象或問題」。這樣的關鍵理解已經脫離了上學時間與團膳兩個主題課程的現象，讓得到的結果能夠遷移到其他的情境，幫助學生理解與思考。

從這樣的討論過程可以發現，專家思維在協助老師（解決問題者）提出清楚的關鍵理解上是很重要的。

階段三、選定策略

專家思維已經在第二階段被確定了，又如何影響下一個階段呢？第三階段選定策略是關於解決問題的實踐，課程設計的實踐除了時間、資源與評量外，教學活動與提問設計也同樣重要，深受專家思維的影響。從表3的分析就能發現，為了確認目標而進行的梳理，同時也提供了教學活動安排的初胚，讓我們知道該要探究什麼現象，並且該關注現象中的哪些部分與關係，才能夠發現意義。選定策略階段在這些分析結果的基礎上，就能夠更仔細地思考著探究活動該如何選擇，哪些資訊要放入課程中。

另一個部分就是提問設計，第二階段中的自我提問，不僅是將自動化的專家思維外顯化與具體化，更讓我們知道，如果要幫助學生釐清，可以用哪些問題來引導他們思考與探究。換句話說，我們幫助自己釐清的問題，都將成為未來幫助學生的問題。專家思維為階段三選定策略提供了一個穩固的起點。

透過這個課程發想過程的分析，我們可以更深刻感受到，專家思維不僅幫助學生掌握理解世界的方式，更是老師重新認識並詮釋世界的重要指引，讓我們不至於迷失在現象中，同時避免發展出斷裂或是活動化的課程。

專家思維的功能

在確認了專家思維對於課程發展的重要性後，我將進一步與大家談談專家思維在課程設計中能夠發揮哪些功能，以及這些功能又能如何幫助老師與學生。

解讀現象的濾鏡

從這兩個小節的討論中可以發現，當一個人面對眼前眾多資訊時，唯有當他能夠連結資訊間的關係，並說出其中的意義後，才能看出哪些是重要的、哪些在目前是不重要的。這就好像那些能夠相互連結與形成意義的資訊會發光一樣，其他的資訊突然就不被注意到了。我們腦中會用不同的專家思維來比對與連結資訊，直到形成連結與意義，我們就能看懂了。

詮釋現象的魔鬼氈

在看懂之後，現象和意義就會以特定的專家思維被黏在一起。但這樣的黏著並非不可變，這些現象也可能因為連結其他資訊，而產生不同意義。這也正是為何我不以三秒膠、而是魔鬼氈來比喻專家思維的作用，因為現象與事實的組合是容易發生的，不同現象或事實可以搭配組合出多種意義，不同的專家思維也組合出不同的關鍵理解。

如同我們在明融老師的課程中所做的討論，同樣是團膳與廚餘的主題，當我們選取的專家思維變成互動與關聯時，被凸顯的現象或事實就不完全一樣了。這個專家思維使我們關注到學生的價值與態度，讓學生意識到個人的價值如何造成現象。建立合宜的價值觀與行動，成為這個思維最終的重點，形成截然不同的探究歷程與關鍵理解。

區別不同階段的剃刀

不少人以為，不同階段的學習內容常常是重複的。隨著年紀增長，學習相同主題時只是內容細節或理論增加而已，需要記憶的知識越來越多，也越來越複雜與困難。但真的只是這樣嗎？其實不然，改變的不只是內容的量，更是思考內容的歷程，也就是專家思維變了。因著專家思維的改變，主題內需要被關注的現象與事實也不同了。

以生物科在國中和高中都會談到的神經系統為例，國中階段的神經系統著重於系統結構中的每個組成和個別功能，最終將這些結構與功能連結後，理解神經系統運作的模型。這其中包含了前半段是結構與功能的專家思維，後半段是系統與模型的專家思維。學生必須先覺察到神經系統能夠發揮的功能，才能刻意地觀察與發現不同結構的特性，最終掌握了系統中所有元件（結構）的特性，進一步探究這些元件連結後如何形成具有功能的運作模型。高中階段的神經系統雖然也會提到這些功能，不同的是聚焦在更微觀的部分，也就是這些功能實際上是如何產生的，關注的是神經傳達過程中的物質反應，專家思維是交互作用的。

關鍵理解會在不同階段有差異。國中著重於生理學，高中著重於生化反應，不同階段對於相同現象中凸顯與聚焦在不同的細節。老師們就必須擁有剃刀，能夠去除非必要的資訊，讓每一次的學習都留下最簡明的路徑，才能擁有更高品質的關鍵理解。

關鍵理解和專家思維整合後的效力

在不斷論證專家思維存在的意義與重要性後，我們真的可以因此肯定，同時確認了關鍵理解和專家思維後，課程會變得更好嗎？這裡我們就用一個簡單的例子來說明兩者整合後的效力。國小四年級有篇文本是〈國王的噴泉〉，故事說的是有位村長想要說服與阻止國王蓋噴泉的過程。如果國王蓋了噴泉，村子的居民將無水可用，於是村長從最初找了很有智慧的大學者，轉而找了口才很好的金舌頭，又改成找來勇敢的大力士，到最後他決定自己進王宮。最終他說服國王，阻止了噴泉的興建。

老師在分析後表示，想要將目標設定在讓學生學習因果關係的論述，關鍵理解為「推論文本句子或段落間的因果關係，增進文意理解」。在聽完老師的說法後，我詢問老師以下的問題：

一、這樣的寫法只能確定學生最後要能夠完成什麼事情，但學生要掌握什麼樣的理解後才能夠完成這件事？

二、這篇文章的因果關係為何是需要用推論才能知道的？可見文章並非直接寫出因果關係（例如，因為……所以……），那麼這篇文章的哪個部分符合你想談的因果關係？

老師指出他所稱的因果關係是哪些句子與段落後，我進一步詢問：

三、如果要能夠掌握最後的關鍵理解，要觀察到哪些句子或段落，以及要如何連結這些句子或段落？你預設的專家思維是什麼？（老師已經有專家思維的概念，所以我才提出詢問）

老師進一步說明，並將關鍵理解調整為「透過推論，覺察事件與事件之間具有因果關係」。我又接續提出詢問：

四、老師你所指的關係是什麼？學生要分析哪些句子或段落的關係，才會發現它們之間在意義上是存有因果性的呢？

老師此時才真正解構自己的自動化，意識到前一個事件的結果成為了下一個事件的起因，如此在一個事件影響著下一個事件的情況下，最終才變成村長決定自己去說服國王。因此，在專家思維的協助下，先釐清關係發生在現象的哪個部分，以及這樣的連結產生了何種意義，最終將關鍵理解定義為「連續事件的因果陳述是，透過將前一個事件的結果做為下一個事件的起因來呈現」。

先有直覺與模糊的關鍵理解產生後，才開始有意識地啟動專家思維，運用專家思維進行現象事實與意義的分析，最終才能形成可遷移的關鍵理解。

學習結果也學習過程

二十一世紀的學習不再只是學習別人思考與探究後的結果，更需要學習他人是如何認識與詮釋世界。這樣的轉變也代表著，學校與老師在安排學生的發展與課程時，都不能再把學習的過程與結果分開了。這正是各國或各教育體制都積極投入的素養學習。當我們重新認知到學習的積極目的，將改變我們在確認目標階段的思考與行動。階段二做為承接階段一與階段三的角色，透過提出更好的問題來幫助自己釐清目標，將使我們有機會發展出更好的課程。

理解問一問

- 不同學科專家的思維有何異同？
- 專家思維和關鍵理解有何關係？
- 專家思維與學生學習有何關係？

7

〈學習創造〉動機可用設計來產生嗎？

「真正有價值的是直覺。在探索的道路之上，智識的作用不大。」

——科學家愛因斯坦

當專家思維成為目標的一部分時，解決問題階段三的選定策略就必須設計出讓學生習得關鍵理解與發展專家思維的教學活動。因為若要產生如同專家般的歷程，必然不會只是老師講述與指導的過程，還要加入學生自行探究的歷程，才能真實地進行有目標的觀察與分析等行動。如同我在《教學力》書中提到，老師必須成為一個學習專家，知道如何創造學習經驗，讓學生有機會如同專家般地探究與思考。

專家思維的探究讓我們知道，如何讓學生掌握專家發現或形成這些概念的歷程，但教學專家能夠把這個歷程很生動地帶領學生走過一遭。在沒有老師的情況下，學生如何能夠自行完成呢？學習專家就不會只想著把結果交給學生，同時也會思考如何讓學生產生真正的學習。真正的學習不只是學到結果，還包含了學生想要學，以及學生學會如何學。因此，身為學習專家的教師，思考著如何重新建構出學科專家發現概念的歷程，讓學生能走一遭。這個歷程的設計很可能還包含了學習過程出錯的安排。

過去的教師必須是精熟學科的學科專家，後來教師還必須成為專精教導的教學專家，直到二十一世紀的現今，教師更必須是促進學習的學習專家。身為學習專家，教師必須同時具有學科專家的智識，還有教學規劃的知能，更要擁有學習設計的專業。

探究與學習的關聯

多數人聽到要讓學生走一趟專家的歷程，第一個反應是這件事有難度，甚至聯想到「這是要帶學生做專題製作嗎？」會這麼想的人，應該是誤將重點放在如同專家那樣嚴謹的學科研究過程，但我所指的並非如此。所謂的「如同專家一樣的歷程」，是讓學生能夠產生類似於專家的認識與發現新知識的思考歷程，當中包括感性與理性的部分。這裡的感性指的是直覺與情緒感受。

在探究初始，直覺是很重要的。能產生探究的直覺，常會連帶著情緒，這是什麼意思呢？什麼時候會出現直覺呢？當別人提問時，我們不假思索便脫口而出的答案，就是直覺，也是本性的思考、沒有思辨過的想法輸出。但只有直覺是無法產生探究的，因為探究代表著我們有個想要解決的問題或想要找出的答案，光憑直覺是做不到的。想要解決的問題，這個「想」是誰想，如果是老師想要學生解決問題，那是老師想，但我們期望產生探究的人是學生啊，那該「想」的人就必須是學生。如果讓學生「想」要解決問題或找出答案，就要結合直覺與情緒的效果。接著我們就來看看要如何結合。

問題一、老師：如果我們要推薦別人來鹿野玩，你會推薦什麼？（學生紛紛回應各種相同與不同的答案，包括熱氣球、二層坪水橋、鹿野高台、梅花鹿公園、鹿野神社、綠色隧道……）

問題二、老師：為什麼你會想推薦這些呢？（學生紛紛說明每個答案被推薦的原因）

問題三、老師：你怎麼知道的？（學生紛紛解釋自己去過這些地方的經驗）

問題四、老師：就算是這樣，台東還有很多地方啊，別人聽完為什麼非來不可？（學生解釋著這些地方有什麼特別之處，強調自己去的時候有哪些快樂的感受與經驗）

這是一段國小五年級國語文課堂關於寫景文的對話。這段討論內容省略了老師在問題二、三與四進行中的追問，以及追問後學生們的回應。這段內容應該很容易想像與理解，討論中有哪些部分是屬於直覺呢？如果要說不假思索的反應，那通常是學生能夠迅速回應的部分，應該就是問題一。學生直覺連結到過去經驗，而提出了簡短的答案。但這裡面又有哪些部分會有情緒呢？如果回想自己展開探究是受到哪些情緒所指引的，我想那是好奇和困惑的情緒，或是一種不確定的情緒。對於自己的想法不確定，或是對於要如何回應的不確定，對應到這一段討論，那應該就是問題二、三、四。老師的提問或追問不是為了要挑戰或反駁學生，而是讓學生藉由這樣的提問開始了有意義的探究，也就是「理性」的階段。在理性階段，學生看似在跟他人解釋與說明，但同時也在整理自己的想法、有意識地檢視自己的想法，並且回應這些從來沒有刻意想過的問題。

老師在問題四的討論中，不斷讓學生思考著自己說的內容代表的意義。而在多數的意義被提出後，老師便問了一個問題來綜合這一輪的討論：「所以從剛剛的討論，我們會知道，如果我們要推薦別人到一個地方玩，該怎麼說明才夠吸引人呢？」當這個問題一出來，學生便能將結果整理為「仔細說明與其他景點不同的獨特之處，分享自己在當地旅遊經驗時的快樂是如何產生」。如此，討論就從一個生活經驗轉變為語文表達的新知識。理性的分析與綜合讓探究產生了意義。

學生在生活中也會有好奇的時候，如果深入討論這些好奇，也可以在最終形成新知識，但這在多數的學校裡是不容易產生的，因為課程已經有了預設的內容與目標。但在某些實驗教育中，是可以讓學生自由展開自己的探究。學生要學習的內容與發展的方向，讓體制內學校教育有了清楚架構，少了不確定學生發展的不安，同時也形成了如何讓學生投入探究的困境。如何讓學生投入被決定好的知識學習，考驗著老師們能否引起學生的直覺，創造出不確定或不適的情緒，進一步投入刻意觀察、資料蒐集、分析比較與組織綜合的理性歷程，最終能如同專家般發現與形成新知識。

學習者對於所學習的內容感到好奇，期望理解或找出答案，並在找答案的過程中不斷自我監控與自我解釋，最終掌握關鍵理解，這樣的過程才是真正的學習。想要創造出這樣的學習就要善用階段二確認目標的歷程與結果，設定合宜的教學問題，以及引出直覺、情緒與理性的提問。階段三選定策略對於實踐真正的學習是很重要的。

可以連結《提問力》第156頁「關鍵理解如何引導？」理解引起學生好奇的脈絡安排。

探究的啟動

想要實踐真正的學習，就得找出啟動這件事情的方法。若要了解啟動的關鍵，我們得先思考一下自己的學習過程。這裡指的不是老師教導我們學習的過程，而是自己在生活中學習的過程。例如我之所以開始我的好奇心，是因為我注意到了一件吸引我的事情，而吸引的本質來自於什麼？它很特別或是奇怪？一件事情為什麼特別或奇怪，那必然是因為相較於其他我們所知道的事情，這件事格外不一樣。

有一次我為了到屏東縣的國小入校，選擇搭乘台鐵前往，並確認了最接近學校的車站。我在西勢車站下車後，突然好奇這附近似乎沒有這個地名，為何車站是這個名字呢？這時當然也會想到中部的東勢，但當時並不特別好奇怎麼會有「東勢」和「西勢」。詢問了附近國小的校長才知道，學校附近原本叫做老北勢，有老這個字就讓人聯想應該有新北勢，當然我和她都不知道答案是什麼。因為常常在台灣各地入校，加上之前與一些熟悉地方文史的朋友聊過天，所以知道寮、庄、壢、埔、崙這些在地名中常出現的字，都有其地形或人文上的意義，所以直覺想著「勢」這個字應該也有特殊意涵。上網找資料後才知道，勢代表的是不同勢力範圍，所以原本當地應該有幾群不同勢力，才有這樣的稱呼，來溝通不同的區域。

從這個對生活好奇的例子，我們就會知道，在課堂中如果要讓學生展開探究，首先就是要讓他們意識到某種「特別」的存在，而這種存在可能跟過去經驗相比是不直觀的，或是引起了特別的感受。那種「為什麼它會這樣」，或是「為什麼我會有這種感覺」，都讓探究的主體開始了探究的歷程。

這樣的起手式，我將它稱為「導入階段」，是我理想中課堂最初的安排。透過創造差異而讓學生覺察到現象的獨特之處，進而好奇與困惑，就是導入學習中最常運用的方式。創造投入學習與持續學習的動機，便是導入階段最重要的價值。

探究脈絡的階段

回到剛剛探究西勢地名的經驗，在上網找到「勢」所代表的意義後，我打開Google地圖，試圖找出是否還有其他方位的地名存在。我以西勢和老北勢為參考點，不斷移動地圖的位置與範圍，反覆放大與縮小地圖，終於找到了東勢的位置，接著也找到了高速公路附近的南勢村。地圖上雖然有老北勢的顯示，但我發現這似乎只是區域的標示，並非正式的地名。但依據我們對於命名的邏輯，有老就必有新，但怎麼沒有新北勢。我粗估的是，新北勢應該比老北勢的位置更北邊，因為如果東、西、南與北都有以勢來命名的地名，就表示當初有個中心點來區分四個不同的勢力範圍。假如會有北邊的新勢力，那必然是向外擴張的結果。

為了證明我的推論是對的，我詢問當地人，確認了推論無誤。而我更因為這樣的詢問獲得另一個資訊，原來目前名為東勢的位置，過去其實是新東勢，舊東勢則在更向中心的位置。從好奇西勢這個地名，到最後了解學校周邊過往的方位地名與人文發展間的關係，腦中更清楚地出現著早期先民在屏東平原上的開墾過程與勢力發展。

我想透過後設分析我的探究歷程，來談談理想的探究階段該如何創造。首先，我只是隨口問了一下西勢的地方由來，但因為聽到還有一個地方稱為老北勢，兩個地名的相似與相異引發了我的好奇，這時又想到台中市的東勢區，使我聯想到方位必然代表著不同方向，勢這個字肯定有特別的意義。我明明知道東勢這個地方許久，卻從來沒有好奇過它的名稱，而屏東相鄰兩個相似的地名，卻凸顯出這其中的特別之處，也讓我連結到過去對於地名的基本概念，而啟動了這次的探究。這就是我認為，探究的第一個階段正是「導入階段」。我們被導入了對於某個還未知的關鍵理解的探究，也被導入了解決問題的歷程。

接著，我開展了刻意的觀察，有目的地蒐集資料，想要確認這周圍相關的地方，以及證實地名是否真的是不同的勢力範圍。我先從地圖閱讀與分析開始，再訪問與諮詢當地人士，取得更完整的資料閱讀與分析，發展出我對於這個主題更完整的認識，進而得到關鍵理解為「地名反映了不同時期人們對生活周遭之地理環境、人文活動、社群聚落和歷史文化的想法」。這麼嚴謹與漫長的探究過程，如果沒有導入階段的好奇心來支持，我就不可能有這麼大的耐性與決心持續做更多的閱讀與分析；如果沒有導入階段的初步發現來當成理解這個主題的基礎，我也很難知道自己要找什麼資訊，或如何解讀資訊，到最後可以形成關鍵理解。這是探究的第二個階段，我將它稱為「建構階段」，是探究歷程中最漫長且需要耐性的期間，卻也是能形成真正理解的重要階段。

最後，在這樣的探究之後，我進一步地搜尋台灣其他地區有「勢」為地名的地方，想要確認能否以相同的原則來解釋。於是我找出台中市東勢區、雲林縣東勢鄉、桃園市平鎮區的南勢、東勢、北勢等，更進一步了解這些地名的由來與共同性。這樣的歷程，除了確認方位的稱呼具有相對位置上的意義，也透過比較差異，發現這樣的命名也可能只是表達特定方位的勢力，同時確認「勢」是客家人用來表示聚落勢力範圍的用法。這個過程即為探究的第三個階段，我稱它為「深化階段」，也是探究的最後階段。探究者運用已經掌握的關鍵理解，進入新情境的問題解決，透過新元素的加入，不僅讓探究者覺察到自身還不理解或誤解之處，也豐富了關鍵理解適用的情境與條件，理解的品質將更好也更為深入。

我後設了人們發生學習的歷程，將這樣的歷程結構化為三個階段，並根據三個階段在探究上的差異與特性，清楚地定義後，發展出探究脈絡的三階段理論，讓老師們在選定策略時，能夠運用三階段的特性。在導入階段中，創造出能將學生勾住（hook）的教學設計，從好奇心與疑問的引出到初步認識的取得；

在建構階段中，創造出能提供學生完整訊息蒐集與解析的教學設計，從粗淺的資料理解到關鍵理解的發展；在深化階段中，創造出讓學生無法模仿而必須重新解析情境的教學設計，從現象的判斷到深層意義的產生。

探究脈絡的三階段透過引出探究的真實經驗，讓探究者形成感受、覺察發現、觀察理解、分析綜合，使得探究學習符合人們探究世界的真實感受與回應。透過不同領域學科與不同單元中重複出現這樣的歷程，讓學生找回好奇本能，更進一步提出問題，持續認識與詮釋世界。

探究脈絡的安排

探究脈絡的三階段該怎麼安排呢？既然是探究，必然是因為觀察到什麼現象或事實，而探究最終是為了要找出答案，那就一定包含了最後要發現的意義。所以，每個階段必然有預設要發現的意義，以及能夠符合這個意義的事實。前者在解決問題階段二確認目標時，已經梳理了意義發展的次序與最終的關鍵理解，所以階段三選定策略最重要的就是選擇適合探究的事實。

探究脈絡的過程是透過數個教學活動的安排來完成，不同階段需要安排的教學活動各有不同目的與特性。我們在前面已經了解到，探究的發生必須要引出直覺回應、情緒感受與理性分析，也知道三個探究階段分別要達到的目的，接下來，我們就將探究與探究脈絡的三階段進行整理與比較，以便更清楚每個階段的特性，有助於我們選擇合宜的事實。

在導入階段，為了讓學生投入與探索新的主題，會選取特徵明顯且不複雜的事實，以便學生都能直覺地提出想法。每個學生都能提出想法是關鍵，這樣才能在老師後續的追問下引起好奇或困惑，開始分析自己的直覺是從何而來，提出清楚的說明與解釋，以便於老師整合大家的想法，綜合成對於關鍵理解初步的掌握。

在建構階段，為了讓學生經歷完整細緻的發現與驗證歷程，透過事實的觀察與分析，綜合形成概念，建構對關鍵理解的認識。由於在前一個階段已經讓學生對於問題產生好奇，也等於是承諾了將繼續參與後續的解答歷程，因此這個階段在事實的選擇就不需要考量情緒感受的引出。

為了要有足夠的資訊能發展出真正的理解，這個階段的事實選取會以學術情境為主，可能是課文、教材、典籍、學術資料或實驗活動等。建構階段是整個單元中最長的一段時間，可能是由不只一個教學活動組成。每個教學活動都會有一個階段性的結論，這樣的結論往往是較不複雜的意義或較小的概念。透過累積每個教學活動產生的意義，在建構階段的最終變成形塑抽象度最高的關鍵理解。

所以如果將每個教學活動預定形成的意義都寫下來，梳理它們之間的連結關係，就能檢視意義形成的安排是否合邏輯，而這段順暢的思維歷程必然是能符合專家思維的過程。

在深化階段，為了讓學生能自己完成從資訊的判讀、選取到分析，乃至運用建構的關鍵理解來解決問題，以便達到深化已知概念的目的，這個階段必須選擇意義與關鍵理解相同，但情境條件或特性與前面兩個階段不完全相同的事情，以確保學生不是直覺地模仿剛剛的歷程，而是真正經歷更完整的專家歷程。唯有能從情境觀察與判斷開始，我們才能確定學生真正能從事實中發現有意義的資訊，以專家思維連結相關的資訊，進而能以關鍵理解來詮釋現況，決定解決問題的步驟。透過問題解決的歷程，讓學生更清楚事實與意義的連結，掌握關鍵理解。

綜合探究產生的條件、探究脈絡三階段與上述的討論，我將最終的討論內容整理成表4，方便我們更容易理解設計時的重點與設計上的操作。

表 4 探究發生的條件與探究三階段的對應

階段	目的	歷程	情緒感受	理性分析
導入	引導學生投入關鍵理解的探究，對關鍵理解有初步的感受與想法	讓學生引出好奇心與疑問，到取得初步認識	學生直覺後快速被引出好奇與困惑	學生對於直覺提出解釋或是明確的問題
建構	提供學生完整細緻的發現與驗證歷程，建構對於關鍵理解的理解	學生從完整訊息蒐集與解析的教學設計，從粗淺的資料理解到關鍵理解的發展	學生在前階段已準備好進入理解的歷程，故不用創造情緒感受	學生進入類似專家的歷程，刻意觀察、分析比較、解釋推理等
深化	促進學生在新的情境中分析背景，運用關鍵理解處理問題，促成深刻理解	學生無法模仿建構階段的問題解決，必須重新解析新情境，從現象的判斷，到深層意義的產生	學生會產生困惑，但是認為有可能解決問題的感受	學生判斷資訊中有意義的部分，以關鍵理解進行詮釋，並運用來解決問題

導入設計的訣竅

對於多數老師來說，建構階段和深化階段是相對接近目前的教學模式。建構階段與現有模式不同的是教學與提問的安排，需要努力的是讓原本以講述法為主的課堂，轉變為以學生為主體的探究，所以要安排事實相對不困難。而深化階段常與現有的練習或應用混淆，兩者最大的差異是，深化階段不能只是直覺地提取與運用知識，更不能是模仿解決問題歷程。深化階段雖然是選擇條件更複雜的情境，但老師需要先分析解決問題歷程應該連結的知識與啟動的能力，才會知道有哪些可能困住學生的點。千萬不能一次創造太多難關，只要留住我們真正要學生學習的部分，調整其他不需要的困難，就能安排一個合宜的深化階段了。

導入階段的設計是三個探究階段中最讓人難突破的，因為它與過去的課程設計大不相同。不是過去單純連結生活經驗的引起動機，也不是先進行有趣的活動來引起動機，需要的是引起學生想要找答案的探究動機。導入設計上的難度成為能否達成探究設計的門檻，這個關卡該要如何突破呢？我想最重要的就是創造有感的經驗，而有感的第一個條件就是可理解。不理解是很難讓學生對事實或現象有感覺，更別說接續要能產生想要尋找答案的探究歷程了。

如果老師要選取關鍵理解相同、但對學生容易理解且有感的事實，來幫助學生看懂接下來真正要探究的複雜資訊（建構階段）呢？這一直都是老師們最大的考驗。如果老師沒有清楚掌握學生的理解能力，便有可能選擇了學生不知道如何思考的現象；若老師對於周遭事物也不太關心或好奇，自然也不知道如何引起他人的好奇。

我想以高中化學的瓶頸反應為例，來談談導入階段該如何思考與設計。為什麼選擇這個概念呢？因為這是一個不可直接觀察的抽象推論。多數的教學都是直接透過數個化學反應方程式來說明，想像發生了什麼事情，有些學生可以因為這樣的歷程而知道了這件事情，但有些學生卻會因為太過抽象，加上許多無法意會的專有名詞，而感到困難重重。在說明這個例子前，我想我應該要先說明何謂瓶頸反應。化學反應是指物質間交互作用而產生新物質與能量變化的過程，化學反應真正是如何進行的，屬於粒子的微觀層次，所以我們可以觀察到的就是反應後的結果。多數的化學反應都是經過幾個步驟的連續發生，最後才形成我們觀察到的結果（生成物），且這些步驟中有快有慢，其中最慢的一步，將會影響整個反應的快慢，所以就稱為瓶頸反應，也會將其稱為「速率決定步驟」。這樣的內容其實講述給學生聽應該是不難懂吧！但知道是否就代表真正體會呢？學生有辦法出現「啊哈」的頓悟嗎？

如果我們想要讓學生真正理解而不只是知道瓶頸反應的意義，就要開始思考有什麼樣的現象其實也是相同的道理。為了讓學生能真正體會，我試圖找出生活中相似的例子。為此，我創造了學校園遊會珍珠奶茶製作與販售的例子，提供學生有關人員配置、設備條件、理想的備料速率、理想的裝杯速率、理想的銷售速度，最後請學生從這些資料中找出真正的販售速率，並說明是如何判斷的。

學生最終回應是每小時七十五杯，因為當每個程序都充分地運用人員與設備後，即便理想上備料與銷售的步驟都能到達每小時八十杯以上，但所有程序中裝杯速率每小時七十五杯最慢，所以這個步驟就決定了實際販售的速率。

這個對於學生不難理解且數據處理（四則運算）上不困難的現象，讓學生能理解瓶頸反應—速率決定步驟的概念，也幫助學生在進入建構階段時，容易理解含有大量學術用語的文本，掌握了化學反應速率的瓶頸反應，不需要老師多做解釋。這個例子正說明了導入階段如何幫助學生引出後續討論需要的專家思維，讓學生擁有凸顯重要事實的濾鏡，並能夠連結這些事實形成意義。

有好奇的老師才有好奇的學生

一個對外在世界充滿好奇心且總是在探究的老師，才有可能為學生創造學習經驗。如果你還不是，就請先從對世界好奇與探究開始努力，否則就算是學了再多課程設計的方法，仍然只是換湯不換藥。如果你已經是個好奇也愛探究的老師，那你可以開始後設自己的每一次探究，解構自己的探究歷程，感覺自己在過程中的情緒感受，理性分析自己是如何思考的，這樣你就會知道學生應該要在學習中出現什麼，也更清楚要如何創造可以引出這種感性與理性的經驗，讓學生透過你的設計開始體會真正的探究，進而習慣於這樣的思考，最終成為能自主啟動學習的人。

理解問一問

- 學習的發生需要什麼樣的動機？
- 探究三階段的功能分別是什麼？
- 探究三階段的安排考量是什麼？

8

〈探究脈絡〉

探究一定要透過提問嗎？

「最有效的教育方法不是告訴他們答案，而是向他們提問。」

——希臘哲學家蘇格拉底（Socrates）

如果我說，就算你已經精密地設計出了探究脈絡的三階段，還是不能確保學生真能產生探究與學習，你會不會想放棄了？

千萬別忘記，我們在探究的討論時不斷強調，學習者必須產生好奇與困惑，且這個好奇與困惑必須是以一個待解的問題呈現，才有可能展開後續解決問題的旅程。這也是一位老師能否成為學習專家的最後一步：你能否透過提問來觸發（trigger）學生的好奇，讓提問觸發學生成為學習的主體，使學生有意識地找尋答案，更透過提問來促進（facilitate）學生的思考，不斷地自我解釋與評估，直到找出讓自己滿意的答案為止。

學習將不同於過去，不再以能答出讓老師滿意的答案為目的，只有在自己毫無疑問時，我們才能停止思辨。

提問引起專家的歷程

提問設計做為解決問題階段三的重要策略，能讓已選定合宜事實的教學活動產生效果。透過提問，讓學生產生如同專家般的探究與思考，最終形成關鍵理解。我們必須要先掌握專家思維，才知道該怎麼提問。為了達到這個目的，必須把專家思維再想得更仔細些，到底他們是如何進行探究的行動與思考，在看些什麼、怎麼看、想看到什麼呢？這個部分我將以幾個常見的專家思維，包括模式、關係、結構與功能、互動與關聯、變遷與因果。在不考慮特定學科領域或主題的情形下，探討這些思維會產生哪些主要行動，以及專注事實的哪些特性，並且找出意義。

一、模式

先意識到現象的整體，進而觀察到現象的整體或整體中各部分變化的規律性，並描述規律的特性。常見的規律性包含一致性、週期性和對稱性等。一致性代表前後項的變化條件是一致的；週期性代表每隔一段固定的期間或次數就會出現重複之前的項目與內容；對稱性則代表某種特性以某種位置分布的方式重複出現。

二、關係

先意識到現象的整體，觀察整體的特性或變化，進而觀察與分析整體中各部分與此特性或變化的關係，推論各部分的關係如何形成現象的整體。常見的關係有因果關係、相關性關係、比例關係、組成關係等。因果關係代表前者是造成後者的原因，前者未出現，後者就不會出現；相關性關係代表兩者會同時出現，不確定是否是因果關係，但可以確定的是兩者都與某個事物相關；比例關係是指在數量上呈現特定的比例關係；組成關係則討論整體是如何由各部分所構成。

三、結構與功能

先覺察到整體功能帶來的感受或效果，刻意觀察整體中各部分與此功能的關係，分析各部分的組成或排列如何造成功能，進而推論出這般結構與功能之間的關係。不同於前一項，這裡所探討的是特指結構和功能之間的關係。此外，這裡也不是兩個項目間的關係，而是多種項目組成為一個結構後，再探討結構是如何產生功能的。換言之，這需要分析了許多關係後才能完成結構與功能。結構與功能除了談有機體，也可以談物質，還包含文學、藝術、社會制度與組織等，都可包含這個專家思維。

四、互動與關聯

先覺察與觀察可見的互動方式，再特意觀察互動的細節與差異，分析背後的原則，了解影響互動方式的依據或價值，推論互動形式與互動者依據價值的關聯。常常會有人無法分清楚關係、互動與關聯兩者的差異，關係是基礎的專家思維，互動與關聯就是由許多基礎的專家思維所形成的複雜思維。關係探討的是明顯可見或可理解的現象，兩個項目間比較單純；互動與關聯則不那樣直觀，當我們在觀察兩者間的互動時，就是在討論兩者間的關係，但當我們想了解兩者為何如此互動時，思維的焦點就變成了整個互動現象與互動依據間的關聯性了。

從這裡就不難發現，互動與關聯如同結構與功能，其中都包含了關係的討論，但這兩個複雜的思維不只停在關係而已，更運用探討關係後的發現，進一步探究更深層的意義。互動與關聯常用於社會科學的討論，或是真實世界的議題探討，有時候也可以用於文學上，了解作者如何透過作品呈現作者的價值，或是時代如何影響著作者的信念。

我將上面的討論整理如表5，以便理解這些敘述在課程中如何出現，或是要如何被實踐。

這些內容並非為了限制或規範我們如何思考，而是幫助我們在解決問題階段一釐清狀況期間，可以在梳理重要內容關係後，後設分析出自己的想法是如何產生，有助於減少分析所需要的時間。一旦初步找出可能的專家思維後，就能確認我們探究現象的關注之處與形成的意義是否為真，以便形成清楚的關鍵理解。

這樣的內容更可以用來幫助我們在解決問題階段三選定策略時，更知道要安排什麼樣的教學活動以促使學生產生行動，也知道要如何提問來凸顯事實的

表 5 不同的專家思維如何進行探究

專家思維	主要行動	專注特徵	形成意義	領域學科例子
模式	觀察部分或整體的特性，歸納並說明變化的規則	事實或現象的變化，變化重複或改變的規則	規律性的特性	▪ 數學：等差數列、等比數列 ▪ 國語文：韻文 ▪ 自然：力與力的效應，只看現象變化，不涉及量的討論
關係	先意識到整體，進而觀察各部分，找到現象與各部分的關係	事實或現象的整體與部分，組成後的特性與各部分的特性	兩者關係的原則	▪ 數學：等差級數、多邊形、函數 ▪ 國語文：段落與篇章、句子內的組成 ▪ 自然：力與力的效應，只看現象變化，不涉及量的討論
結構與功能	先覺察功能，特意觀察與分析出結構	事實或現象整體的功能，各部分與功能的關係，各部分之間的關係	結構特性與功能目的間的關係	▪ 數學：四則運算符號與功能 ▪ 國語文：文體、修辭 ▪ 自然：生理學、原子結構 ▪ 社會：政府組織
互動與關聯	先覺察可見的互動方式，再分析互動依據，推論形式與依據的關聯	人事物間互動方式，互動中人事物的關係，互動形式的決定因素（依據）	互動形式與依據的關係	▪ 國語文：取材、時代脈絡 ▪ 社會：人地互動、國際關係 ▪ 綜合：壓力形成與壓力因應

特徵，更知道要如何提問引出有目的的觀察與分析，幫助學生形成關鍵理解。

提問的次序與目的

當我們已經知道如何掌握探究脈絡三階段的特性，也在專家思維探究後了解到提問要觸發的行動、關注的事實與導引的思考後，該怎麼提問呢？原則其實很簡單，同樣是讓學生產生跟我們或專家一樣的探究歷程。

首先，我們必須讓學生觀察事實，透過提問，注意到我們想要凸顯的資訊。這部分的提問我稱之為「凸顯事實的提問」，目的在於確認背景、留心與關鍵理解探究有關的事實。因為是要引導觀察，所以常用 what、when、who 或 how 的提問。

接著，我們必須讓學生對於被凸顯的資訊產生困惑，以進一步思考為何如此。這部分的提問我稱之為「最初關鍵提問」，因為這個問題的目的是為了引起學生的好奇與困惑，以便進一步聯想可能的想法。老師針對學生在「凸顯事實的提問」中被視為理所當然之處提出進一步探究的問題，讓學生突然產生不確定感。此時最常提出的是 why 的問題，why 有聚焦的效果，使大家把注意力

可以連結《提問力》
第 179 頁「關鍵提問如何提出？」
領略問題組的安排與學習的關係。

集中於特定意義的探詢。

當學生開始對於自己的直覺產生不確定後，我們就必須進一步提問，讓學生為了提出更好的說明或解釋，進行刻意的觀察。這部分的提問我稱之為「找出意義的提問」。

在最初關鍵提問 **why** 的問題之後，學生常常無法第一時間就能找到答案，需要更多的提問來梳理想法。常用 **what**、**when**、**who** 或 **how** 的提問，讓學生可以為了探詢意義而做更深入的觀察與分析推理。

最終，我們必須讓學生對於進一步探究的發現，透過提問來收斂與整理前面的解答過程，形成最終理解的意義。這部分的提問我稱之為「最末關鍵提問」。這個部分是為了形成概念，對於經驗歸納或演繹形成意義，所以常用 **what** 讓探究結果落地。

最末的關鍵提問是要收斂一連串的探究並形成意義。如果要形成意義，那麼這個提問的結果就不會停留在特定事實裡。要掌握的是事實背後的意義，這個意義也能在其他事實適用或被發現。

這樣的提問歷程，就像是被動的主動探究。這是什麼意思呢？由於是老師的現象安排與提問設計才產生的，所以稱為**被動的**；但因過程中學生想要找出讓自己滿意的答案，所以持續產生行動，因而稱為**主動探究**。如果將這樣的歷程換成以探究的過程來描述，那就成為以下的歷程：

- **覺察事實**：老師確認學生對於事實的掌握，會透過提出 what 的問題來點出可以凸顯事實特徵的問題，這些被凸顯的事實特徵背後，必然對應著關鍵理解的意義。
- **確認問題與形成假說**：老師提出對於事實特徵的疑問，會透過提出 why 的問題來引起學生好奇或困惑的情緒感受，促使學生進一步想要探究與思考的動機。
- **驗證假說**：老師引導學生進入理性的思考歷程，會透過提出 what 或 how 的問題來使學生產生如同專家歷程般的觀察、比較、分析、組織、推理等。
- **確認假說**：老師提出收束想法的問題，會透過提問 what 的問題促使學生以自己的話語來綜整前面的討論，進而形成與提出關鍵理解。

當提問沒有產生效益

既然已經知道了能促進探究的提問方法，我們一定可以提出很不錯的問題了吧？但事實上，提問有時仍然會無效。到底是什麼原因讓這麼縝密的思考與設計無效呢？

一、沒有提出有意義的問題：問題本身無法啟動內在對話

許多教學活動都會用到表格，我這裡想要談的不是學生自己形成表格，而是老師提供給學生的表格。老師使用表格的目的，多半是為了讓學生整理資料，有時資料確實很多，如果不整理，似乎有點混亂；但有時提供的資料並不複雜也不太多，或是資料已經是分類呈現的，這時似乎就必須確認這樣的整理有什麼其他目的。是為了更容易記憶嗎？還是要知道這些資料原來有這些類別？抑或是想透過整理看出資料之間有什麼關係？

如果整理後的提問只是請學生回應每個欄位的答案，那這樣的提問就無法促進真正的理解，只是知道更多的事情。但如果任務前詢問學生這些資料可以如何分類，也就是找出資料的共同性，那就能使學生在形成表格欄位項目時產

生好奇，這樣的問題解決是有可能讓學生啟動內在對話。又或是老師在學生完成資料整理後，透過提問讓學生覺察到資料之間的差異或變化，進而發現事實背後的意義。

這樣的表格整理再搭配上提問，才能引起學生自我對話與解釋，產生真正的學習。

教學活動不等於探究，如果無法知道這樣的活動是為了凸顯什麼事實，那後續的提問就無法產生效益。換言之，教學活動中如果充滿了指令式的提問，必然無法吸引學生投入。

二、沒有提出凸顯特徵的問題：問題無法聚焦在重要資訊上

有時即便選對了事實，卻還是沒有辦法引出好的思考，這種情形往往是因為提問太過發散所致。

例如我們在前一章提過五年級國語文寫景的學習，如果老師一開始的提問是：「你們去過哪裡玩？」這時學生必然會出現各種回應，如果老師接著詢問：「假如你們要吸引別人去那個地點玩，你會介紹那個地方的哪個部分？」接著學生必然會各說各話，後續老師就很難引導與收斂了。

這個情境一開始就選擇了發散的問題，使得學生無法掌握目前討論的方向與目的。一方面是學生不一定認識或了解彼此提到的地點，更別說是否知道這個地方的特點；另一方面是每個人的說法不同，老師將難以針對這麼多的現象進行提問，更不容易凸顯重要的事實。如果老師在這個時候只是以特定學生的回應為例進行討論，也會讓其他同學難以參與。

這樣的提問影響到學生相互理解，也增加了老師凸顯重要事實的難度，在缺乏共同事實或相同屬性事實能夠討論的情形下，不僅讓提問失效，更讓教學難以推進。

三、過早提出形成意義的問題：探究前的觀察認識還未完成

有時候選擇的事實是對的，提問的次序也沒有問題，為什麼問到關鍵問題或是要學生解釋時，卻常常沒有得到回應呢？這種情形在課堂中是很常見的。會出現這樣的問題，往往是因為老師在前面提問時，聽到學生出現了預期的回應，就誤以為學生已經看見或掌握了重要的事實。其實，學生只是在前面的問題中回答了一些老師預期中的關鍵字與語句，但不表示使用這些關鍵字或語句想要表達的意思就是我們所想的，又或者是學生其實只是找出了資訊中的這些

線索，但對於這些線索還未完全理解。

老師因為誤解而跳過了更多的事實觀察與確認，急忙請學生提出結論，結果學生不是閉口不語，就是回答出完全不在預期中且沒有邏輯的答案。這樣的結果不只老師沮喪，學生的思緒也被打亂了。如果在課堂中真的出現這樣的結果，建議大家可以重新回到事實的理解，確認學生真的理解也掌握了重要資訊後，再繼續提出引起好奇的最初關鍵提問，或是形成意義的最末關鍵提問。

只要能充分理解與掌握事實，老師們便安排合宜的教學活動，更知道活動過程中要讓事實如何發揮效果，才不致出現問了無意義的問題、問了沒有凸顯事實特徵的問題，以及過早提出形成意義的問題了。

避開這些可能失效的提問，剩下的就是如何讓選定策略階段的所有設計能夠串接得更完美。

完美脈絡的效力

我們在階段三選定策略時，只要選對了事實、設計了引起符合專家思維歷程的提問，也避免了提問失效的原因後，就能確保得到更好的學習與答案。將事實與提問做完美的搭配，選擇有效的事實、把事實用出效果，最後以提問引出意義，這是我們必須持續刻意練習的功課。

以下我將以一個海洋資源的跨領域課程為例，讓大家感受與理解完美的結合能夠產生的神奇效力。

一、選擇有效的事實

為了讓學生覺察到海洋資源匱乏的情形，老師請學生瀏覽台灣海鮮選擇指南的網站，希望學生發現有些種類的海鮮數量減少許多，甚至被歸類為避免食用，藉此理解海洋資源的問題。

二、把事實用出效果

老師選了這個事實後，便決定讓學生進入網站，了解網頁上將海鮮分為三大類，分別是建議食用、斟酌食用與避免食用等三種，並請學生從避免食用的項目中選出一個自己食用過的海鮮，上網搜尋這個海鮮的特性與目前瀕危的情形。這樣的安排與許多的課堂安排是相似的，帶著學生知道一件事情，告知學生一個結果，然後請學生完成指令，似乎都是被動的學習。

如何能將這個事實運用得更好呢?我們嘗試換另一種方式看看。

● 老師一開始詢問:「請看一下黑板上的三張紙卡,分別是建議食用、斟酌食用與避免食用,你們覺得這三張紙卡會出現在什麼情形?用來表達什麼?」

● 學生小組表示:「建議食用是指對身體有好處的食物,可以多吃,斟酌食用是指如果吃太多了可能會造成身體負擔的食物,避免食用是指對身體有害的食物。」多數的小組都提出了類似的答案。

● 老師接續說:「這三種分類是我在台灣海鮮指南網站上看到的,你們上網瀏覽後,告訴我這三種分類是怎麼分的?」學生瀏覽後說出了網頁上的說明。

● 老師接著問:「這種分類和你們剛剛的分類有什麼不同?」「兩種分類分別是以誰為主角呢?」學生表示後者是以海洋生物的角度來分的。

描述至此,大家就能夠發現,即便是選擇了相同的事實或現象,但用法不同,路徑與結果就大不同。前者,學生是被動地依循著老師的指令來進行教學活動，而後者則是學生產生直覺回應，老師運用事實出現次序的安排與提問，藉此凸顯了重要的事實，讓學生產生衝突，接著便引發了主動投入。在直覺回應與情緒感受都被引出後，老師要如何讓學生開始理性思考呢？

三、提問引出意義

在學生發覺了人類對事物的分類存有不同後，我們便已經透過提問讓學生關注到事實的重要特徵，接下來就要進行意義的探究了。

- 老師接著問：「人類為什麼要將海鮮做這種分類？」「人類為何要以其他生物的生存做為分類依據？人類為何產生這樣的轉變？」這樣的提問成為這個教學活動的最初關鍵提問，讓學生在理所當然中發現有值得探究之處。
- 學生接續進行更多的資料蒐集或分析，學生重新閱讀、蒐集資料與分析推論。
- 最終，老師提出最末的關鍵提問是：「這些海鮮被列為瀕危生物的原因是什麼？人類在乎其他生物生存與否的原因是什麼？」如此，便引導學生探究與形成了預設的關鍵理解。

選對了事實還必須將事實用對。用對有兩種考量：一個是出現的次序，另一個是出現的方式。如果用對了，更要搭配好的提問，讓學生能夠從被動地接受刺激，到主動地產生行動並找到答案。

完美的脈絡包括「選對事實」、「用對事實」、「將事實問對」，三者缺一不可，如此才能產生神奇的效力。

提問是串連所有設計的關鍵

如果沒有提問，探究的脈絡就無法實踐，如同專家般的思維歷程便無法出現，關鍵理解也無法形成。這樣的教學活動只是安排老師在課堂上的腳本，並非是學生學習的經驗。因為老師的提問，學生能掌握與理解資訊的表象；因為老師的提問，學生能發現事實背後值得探究之處；因為老師的提問，學生將進一步刻意觀察；因為老師的提問，學生開始比較、對比、分析等；因為老師的提問，學生統整與推論出合理的說明與解釋；因為老師的提問，學生能歸納形成符合學術論述的意義。

在探究的最終，學生掌握了意義，而老師適時地引介學術用語，學習就在具有真實經驗與意義的情形下被完成，學術用語也被記憶在腦中。

理解問一問

- 探究為什麼一定要提問嗎？
- 要如何提問才能引起探究？
- 提問對課程實踐有何幫助？

- 為何有人思考結果較有意義？
- 教師如何成為學習專家？

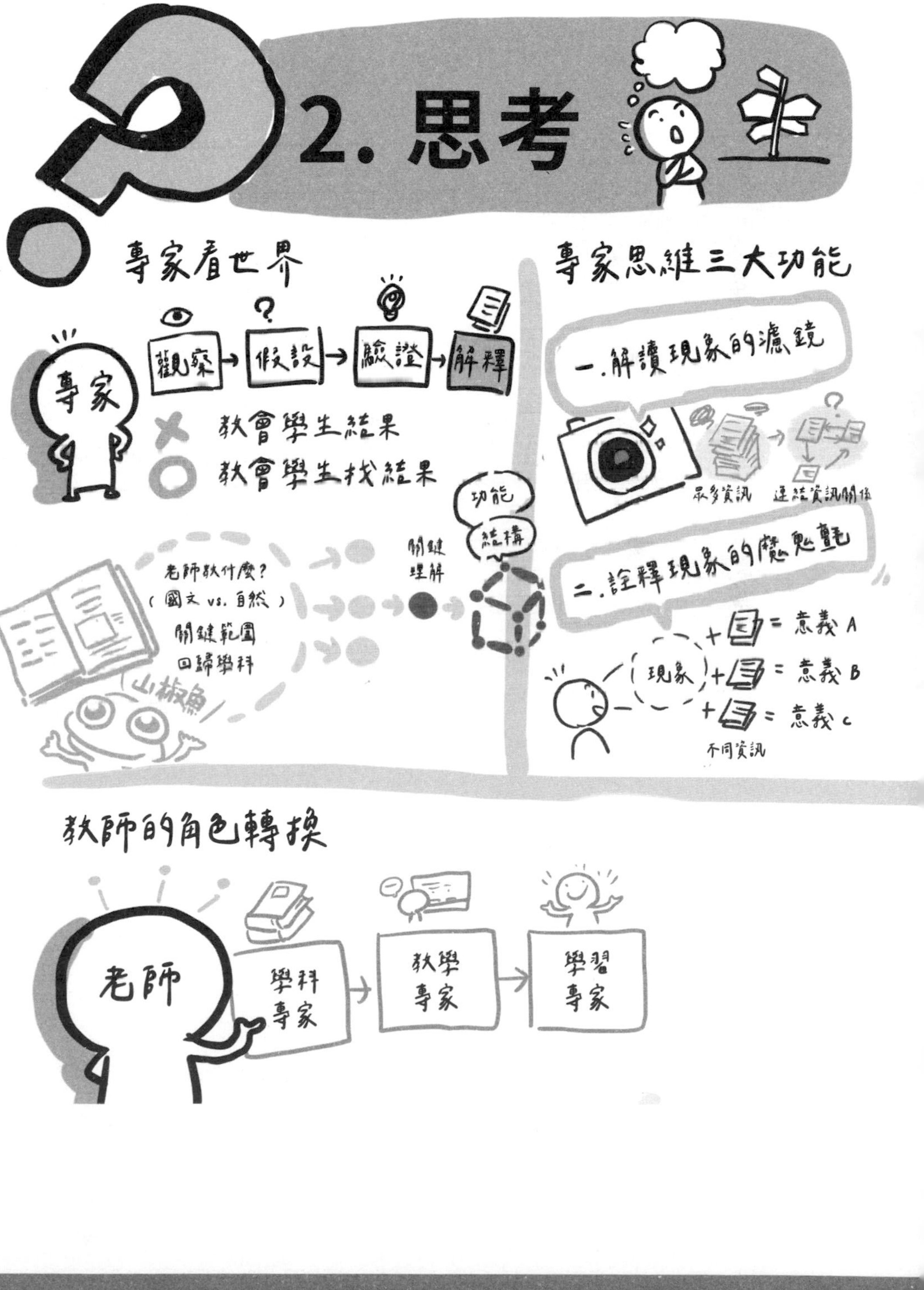
2. 思考
專家看世界
觀察
假設
驗證
解釋
專家
教會學生結果
教會學生找結果
老師教什麼？
（國文 vs. 自然）
關鍵範圍
回歸學科
山椒魚
關鍵
理解
功能
結構
專家思維三大功能
一.解讀現象的濾鏡
眾多資訊
連結資訊關係
二.詮釋現象的魔鬼氈
現象
意義 A
意義 B
意義 c
不同資訊
教師的角色轉換
老師
學科
專家
教學
專家
學習
專家

真正的提問，不會因目的不同而有不同的提問原則。
若提問是思考的一部分，即便提問的內容與目的不同，
我們仍能運用相同的思考原則來引導提問。

提問者只要抱持好奇或困惑展開探究，
必能透過自我提問，知道如何經由提問來協助他人發現與理解世界，
進而改變想法、價值與行動。

第三部 運用

帶著問題出發——

- 為何目的不同的學習能用相同原則來提問？
- 如何掌握提問原則導引出更有意義的思考？

9

知識學習怎麼問

事實與意義如何被連結？

「如果你沒辦法向一個六歲孩子解釋你想要做什麼，那麼你大概自己也還不太清楚。」

——科學家愛因斯坦

如果要說課堂中最多與最常見的學習就是知識，我相信多數人不會反對。入學前，我們透過與周遭的人互動，來學習許多名稱與規則，讓自己可以理解別人的說法，同時也能表達自己的想法。入學後，學習變得更結構化，以便快速掌握過去發現與形成的知識。

這樣的學習不僅幫助我們應付生活所需，更期待的是，能讓我們掌握進入職場與社會運作所需的知識。學校教育為了讓知識的傳遞變得有效率，採取分科方式來組織課程，並將學科知識依據其抽象度與複雜度，安排在不同年紀進行學習。

教育改變的浪潮與行動從來沒有從台灣消失，就像填鴨教育仍然存在。有人說，那是因為升學主義掛帥；也有人說，是少子化造成學校必須創造更好的升學結果；更有人認為，有些政策之間是相互矛盾的。這讓許多人不敢改變教學方式，甚至認為教學改變必然不適合考試，使得師生與家長都可能因為不確定而不願意冒險。即便目前的學習結果或過程都沒有讓彼此滿意，即使大家都承認，搜尋引擎、甚至AI機器人（例如ChatGPT）能幫我們記住或找回更多的知識，但仍無法放棄傳遞知識結果。

我想最大的可能是，他們還沒有找到學習知識的其他意義，這也讓他們無法釐清該用什麼不同的方式讓學生學習知識。

接下來，我將運用課程設計的解決問題三階段歷程，說明知識學習怎麼問，釐清知識學習的積極意義。這個課程設計的單元是國小三年級國語文的便條用法，接下來就讓我們展開「知識學習怎麼問」的討論。

解決問題的歷程

階段一、釐清狀況

課程設計需要釐清的狀況有三個部分：一是課程綱要或標準（依據十二年國民基本教育課程綱要），二是教材內容（依據各實例教師運用的教材內容），三是學生先備知識或經驗（依據十二年國民基本教育課程綱要與實例教師的學生經驗）。這三個部分條列出重點後，再梳理與整合三者的關係與意義。以下將呈現真實釐清歷程的經過，幫助大家理解該如何思考。

- **課程綱要：**Be-II-2在人際溝通方面，以~~書信、卡片、~~便條~~、啟事~~等慣用語彙及書寫格式為主。（這個小節討論的是知識學習，因此只列出學習內容。刪除的部分並非本課程的重點，但為了讓大家清楚整個條目，故保留完整內容供大家參考）
- **教材內容：**描述主角以便條幫助自己解決遺忘事情與時間利用的問題。當中有兩處出現便條，一是為了提醒自己，二是用於規劃時間。
- **學生先備知識或經驗：**已經學習過簡單書信、卡片的書寫。生活中尚無便條經驗。

●**整合前三項結果：**便條使用的目的與方式。

條列出前三者的資訊，對於多數人來說並不困難。這三者的次序並非必然，通常若是學科知識結構強的，我會建議大家從課綱著手，有助於界定好知識的範疇；如果是較為依賴文本的學科，例如語文領域，我會建議先從教材內容盤點後，再運用課綱幫助自己篩選學生需要發展的。當我們以課綱做為知識篩選的標準，便能在組織整合更聚焦地呈現出必要的資訊。

階段二、確認目標

有些人會將組織整合後的結果當成課程目標，這些結果多數呈現的是，有哪些事情要讓學生知道，或是學生要做哪些事，卻無法從整合後的結果確切知道學生該要掌握什麼？所以，這個階段就需要進一步分析組織整合後的結果。該如何分析呢？首先，解構專家是如何從現象的事實中觀察、分析與推論出概念的。還原專家思考的歷程，將幫助老師們更清楚學生探究歷程要如何思考。

在解構專家如何思考時，同時也幫助我們說清楚學生真正要理解的意義是什麼。因此，在確認目標的階段，最重要的是讓目標變得簡明，以利策略擬定能夠精準。

階段一最後的結果是「便條使用的目的與方式」。首先我們需要拆解的是，這裡所指的目的是什麼，接著思考這樣的目的為何是用此方式來完成。便條不同於書信，是為了做提醒而書寫的資料，所以不需要繁瑣的格式，寫出重要訊息即可。當我們清楚目的後，就能了解書寫的內容為何是這些。換言之，我們需要讓學生掌握的關鍵理解是「簡要且清楚地呈現提醒事項與提醒對象，以達到提醒的目的」。學生需要產生的專家思維是「結構與功能」，「功能即便條的目的，結構即重要訊息，思考著兩者的關係」。以國小三年級的學習範圍來說，重要訊息僅限於事項提醒與時間規劃。

階段三、選定策略

為了實踐目標，在選定策略的階段除了要創造出探究歷程的三階段外，更要在每個階段進行關鍵提問，並透過深化階段的表現任務設計，取得學生學習情形的關鍵證據，來評估學習的結果。知識學習的策略中，以導入階段的設計最不容易，為了清楚說明設計的細節，這裡將只以導入階段來進行說明。

階段二的分析讓我們知道，這個課程需要產生的專家思維是「結構與功能」。在這個主題中，功能代表便條的目的，也就是便條能幫我們做到什麼；結構則代表便條的內容包含哪些部分。功能是較為感受性的，也就是學生將先感受到便條能發揮的效果，之後才有可能理性分析便條是如何做到的。因此，探究歷程的安排將先引出直覺感受，再引導到理性分析。考量學生沒有使用便條的經驗，所以設計時便以創造經驗的方式來規劃。

導入階段的目的是讓學生發現便條的功能，進而注意到這樣的功能是如何來達成的。為此，在這個階段所選擇的事實是，老師撿到一張資訊不完整的紙張，紙張的訊息是「大雄主任說小美要請假，他叫你打電話給小美的媽媽」。透過提問引導學生覺察與思考，讓學生發現「訊息的傳遞需有明確的提醒對象與事項，並因應對象運用合宜的詞彙」。

老師說明自己在地上撿到了這個紙張，請學生先閱讀這張資訊不完整的便條，並進行以下對話。為了幫助大家理解這些提問在問題組中的功能，我將於老師提出的問題後加上註解。

師：「這個紙張是寫給誰的？」（凸顯事實的提問）

生：「我們導師的。」

師：「你怎麼知道的？」（凸顯事實的提問）

生：「因為只有他有美美媽媽的電話號碼。」（老師原本預想的答案是學生都是要跟導師請假，但沒有意識到學生對於導師的工作了解不多）

師：「我怕這張紙放在導師的桌上等一下又飛走了，或是導師不知道這是要給他的，我要怎麼做才不會發生這樣的情形呢？」（凸顯事實的提問）

生：「那就在上面寫上導師的名字。」

師：「你會把他的名字寫在哪邊？」（凸顯事實的提問）

生：「最上面的左邊。」（紙張是橫式書寫）

師：「如果導師看完後想要問是誰放在他桌上的，或是想要多知道一下大雄主任說了什麼，他怎麼知道要問誰？」（凸顯事實的提問）

生：「那就寫上我的名字。」

師：「你會把自己的名字寫在哪邊？」（凸顯事實的提問）

生：「最底下的右邊。」

師：「你們怎麼知道要把老師和自己的名字寫在哪個位置？」（凸顯事實的提問）

生：「我們有學過信怎麼寫。」

師：「這張紙和你學過的信一樣嗎？」（凸顯事實的提問）

生：「不一樣。」

師：「哪裡不一樣？」（凸顯事實的提問）

生：「沒有信封和地址、沒有祝福的話、沒有日期、內容比較短……」

師：「**為什麼**會不一樣？」（凸顯事實的提問）

生：「這張紙只是要跟導師講事情。」

師：「**為什麼**講事情就不用和寫信一樣呢？」（最初關鍵提問）

生：「講重點就好，跟他說要做什麼。」

師：「那再看一下這張紙，哪些是重點呢？」（找出意義的提問）

生：「要跟老師說的事情，導師的名字，還有我的名字。」

師：「我們要放之前再檢查一次，這樣的寫法可以嗎？跟老師說話這樣寫可以嗎？」（找出意義的提問）

生：「不行，沒有說『請』。」

學生七嘴八舌地說著「請他叫你」、「他請叫你」、「他叫你請」，怎麼說都覺得奇怪。老師覺察到，學生以為只要加個「請」字就是有禮貌，並沒有學會該如何把意義表達清楚。老師提醒了「叫」這個字，學生馬上就意識地這個字的不適切。

生：「他請您打電話給美美的媽媽。」

師：「大家再念一次這張改好的紙張，看看還有沒有要改的地方呢？」（找出意義的提問）

學生讀完一次後，紛紛覺得滿意。

師：「這種紙張我們會稱它為便條，就像你們說的，它和信件不同。有什麼不同呢？」（找出意義的提問）

生：「它是要通知事情的，不用說太多，講重點就好。」

師：「所以，**如果要寫一張可以清楚提醒人事情的便條，要注意什麼呢？**」（最末關鍵提問）

學生透過老師的收束，歸納出要寫出被提醒的人、提醒的人、要提醒的事情、說的方式要有禮貌，以及要說重點。

從上面的對話可以發現，老師的提問先是讓學生聚焦於重要的事實上，接著，提問引起探究的最初關鍵提問，並透過分析事實意義的提問，最終再以最末關鍵提問，讓學生將分析結果綜合成關鍵理解。

透過選擇學生可理解的事實，創造學生與便條的第一次接觸經驗。老師先提出掃描事實的問題，接著提問凸顯事實中需要被關注的特徵，讓學生清楚地掌握焦點。老師進一步的提問引出學生直覺地回應，做出判斷或決定，透過提出「為什麼」的提問，讓學生理性思考，嘗試做出解釋。如果無法解釋，老師將追問引導學生重新觀察事實，以便獲取更多線索，再一次嘗試做出解釋。最後，老師透過提問，讓學生對於整段探究做出綜合的結論，對這一段經驗賦予意義。

如果學生對於事實沒有清楚地理解，或是被不相關的訊息所干擾，都將影響探究的歷程與理解。所以，老師在事實的選擇上及提問的安排上，將是成功的關鍵。

當學生帶著導入階段的關鍵理解進入建構階段與深化階段時，便具備了解讀事實的視角，讓師生的對話更容易，老師也能提供較複雜的事實，讓學生形成更完整的理解。

事實和意義的連結

上述的討論中，我不斷提到事實和意義，到底為何要如此看重這兩個部分呢？過去，知識學習最常見的路徑是，先提供意義，再提供學生符合意義的事實，也就是我們常說的例子，讓學生知道抽象意義的具體情形。在這種學習模式下，老師是知識的提供者，學生是知識的接受者。如果我們期待學生成為知識的探究者，那麼老師就必須轉換自己的角色為知識學習的支持者（facilitator）。要讓學生成為探究者，老師就必須轉換意義與事實的出場次序，將事實成為被探究的對象，支持學生走上探究之路，最終發現意義。若期待這樣的歷程發生，就必須先搞清楚事實和意義該如何被連結。

階段一、釐清狀況：事實和意義的區分

在釐清狀況時，最重要的是區分出各項資料中哪些屬於事實、哪些屬於意義。為什麼需要做出區別呢？老師們常以為有許多內容需要教，但若仔細梳理這些內容，很可能會發現真正需要學習的概念或意義並不多，多數內容都是符合這個意義的不同事實（例子）。我們來看看這四個句子：

● 從生活環境中的圖形，判斷具線對稱特徵的圖形。
● 透過對摺，認識線對稱圖形及其對稱軸。
● 判斷平面圖形是否為線對稱圖形，找出其對稱軸。
● 透過剪紙，製作出線對稱圖形。

仔細分析這四個句子，會發現概念都是線對稱圖形（含對稱軸），四個句子的差異來自於不同情境下的事實：真實世界的對稱圖形、操作對稱圖形、檢視對稱的平面圖像、製作對稱圖形。將事實和意義做出區分後，我們將更清楚哪些是意義、哪些是事實，然後進一步分析出每個事實的特性，再依據簡單直觀到複雜不直觀的特性來安排學習過程中的出場次序，甚至可以取捨是否每個事實都需要放入課堂中。

階段二、確認目標：事實和意義的檢視

在解構階段一的整合結果時，需要不斷自我提問，詢問這些事實和意義的關係：為何事實能用來證明意義的存在、意義又是如何來解釋事實的。透過事實與意義的來回檢視與相互驗證，我們將更清楚課程中哪些部分才是學習的重

點。這對多數人來說是不太熟悉的，我再以國小四年級量角器的使用，來幫助大家更清楚事實和意義的來回檢視。

這個主題要介紹量角器的各種標記與數字等安排，認識量角器的使用方式，並且實際使用量角器進行角度的測量。學生已經學習過角的定義，認識直角，以直接比較的方式來判斷角的大小。學生知道，可透過與直角的比較，分辨銳角和鈍角，也有工具測量（尺、秤）的經驗。多數人覺得這裡很單純，就是介紹量角器給學生，然後教會他們如何使用。但實際上會發現，這對不少學生來說仍有困難，甚至會重複出現基本的錯誤。錯誤產生的原因來自於學生並未真正理解量角器測量的原理，也就無法掌握到量角器的設計與測量之間的關係。

在幫助老師釐清的過程中，我詢問他們，學生之前學過的尺也是工具測量，尺要測量什麼、又是如何測量的？為何尺要設計成那個樣子？我請老師們實際嘗試一次用尺測量，並在過程中放聲思考，說出自己操作的判斷。老師們分析後說，要測量長度，也就是兩點之間的直線距離，尺可以分別標記兩個點的位置，而長度就是這兩點之間的刻度差距。突然有個老師說：「學生就是沒有掌握到要測量的是刻度的差距，難怪以前寫題目時，如果起點不是從零開始的斷尺，他們都會只讀最後的刻度，沒有把最初和最後的刻度相減。」

我又請老師們將相同的歷程回到思考量角器，我們做出了以下的分析：量角器可以用來測量角度的開合程度，包括測量與工具兩個部分的學習。測量的部分，關鍵理解是圍成角的兩個邊其開合程度可表示角度的大小，專家思維是「關係」；工具的部分，關鍵理解是量角器工具透過標記圍成角的兩個邊的起訖位置，找出角的兩個邊開合的程度，而專家思維是「結構與功能」，這裡的結構指的是起訖位置與大小的標記，而功能指的是測量角度開合程度的功能。

原本，教學上的困難來自於老師們沒有釐清事實與意義，將兩者混淆，而無法引導學生觀察事實與發現意義，這也讓我們更清楚，在確認目標時，為何必須不斷透過事實與意義的來回對應，以找出關鍵理解與專家思維。在上面的討論過程中，更有趣的是，老師們進一步地說，這樣就可以從尺到量角器來歸納出測量工具的學習，發展出跨主題的關鍵理解：「掌握被測量事實的特性，運用可以標記出差距的設計，而達到測量大小程度的目的」。當抽象度更高的意義被發現後，老師們就更有能力來支持著學生成為探究者，並透過提問設計來幫助學生串連不同階段或不同單元的學習成果。

階段三、選定策略：事實和意義的結合

這個案例在導入階段的說明，讓我們更清楚了解到，選擇對的事實、透過事實的登場與老師的提問，讓學生發現事實的特徵，並找出這些特徵背後的意義。學生不再只是接收老師所傳遞的知識，而是真正經歷了發現知道的過程，也因為發現的過程是學生真實的經驗，讓這個知識變得更為「立體」，成為真正理解與擁有這個知識的人。而這樣的學習過程，也讓知識被記憶、被保留的程度更高，反駁了多數人擔心的不利考試等問題。

阻礙成功的困難點

許多人都將提問設計的困難歸咎於自己不會提問，所以到處學習，企圖想要找到一個方便套入的模式，以為這樣就能成功。為了避免我們在知識學習上無法提出好問題，我必須再次提醒大家要避開阻礙成功的困難點。

階段一釐清狀況的困難來自於，如果沒有區分出事實和意義，我們會將每一個被條列出的內容都視為等值的、無法凸顯重要的內容，也無法幫助學生理解這些內容之間的關係，使得所有內容呈現斷裂或碎片，更會因為訊息多與混

亂，而影響了目標的確認。

階段二確認目標最常見的困難是，撰寫出來的關鍵理解還混淆著事實與意義，或是關鍵理解是描述活動的說明。只要老師們發現，自己寫出來的內容只能用於某個特定情況，那就要反思為何遇到不同情境都能找出答案或做出判斷，那個答案或判斷的原則才是我們期待的關鍵理解。又或者，老師們發現自己書寫的是，希望學生能夠完成某個任務或行動，那就要反思，學生需要知道什麼原則才能夠完成這個任務，那個原則就是關鍵理解。這樣的反思練習，將有助於改變我們以學生展現的行為來呈現目標的習慣，而更關注於學生在展現行為時是如何思考的。

階段三選定策略，對於設計者最常見的困難點就是，無法選取合適的事實來創造好的導入階段。沒有好的事實，就無法讓提問產生效益。好的導入階段，必須要能快速引出學生的好奇或困惑，讓學生對於探究關鍵理解產生興趣。如果設計者找到的事實是學生不容易理解的，或是訊息過於複雜，無法讓學生快速產生直覺聯想，就沒有辦法進一步提問來引起學生的反思。沒有內在的不確定，就無法產生讓學生持續探究的動機。

提問設計為何會讓人感到困難呢？真正的源頭是，沒有想清楚為什麼而問，導致問題隨意或發散，問題間不連貫，或甚至是帶有標準答案的問法。只要學生不知道老師看見什麼或想到什麼，便無法思考與回應。當我們能夠清楚為何提問，那提問的練習才會產生效果。

一個眞正擁有知識的人

一個擁有知識的人，在別人提到特定主題時，能夠說出那個主題相關的知識，也可以用這樣的知識來處理相同類型的問題。但如果在非特定主題或新的問題情境中，就不一定能夠連結到這個知識了。真正擁有知識的人，必然是真正理解知識的人，代表擁有者能夠掌握概念的名稱與意義，能舉例與區分出符合意義的事實，不僅知道知識是如何被發現的，也能夠用自己的話語來闡述知識。擁有者更知道知識的原則，所以能夠在分析情境條件後，連結到知識，並運用知識的原則來理解情境，採取適切的行動。知識的學習如果無法達到這樣的理解，或是不想要達到這樣的理解，那麼知識的學習將難以改變，提問也只會停留在淺白的表象。

理解問一問

- 知識學習的課程設計需要關注什麼？
- 學生學習知識時為什麼不容易理解？
- 知識學習的提問設計如何才能成功？

10

能力學習怎麼問

能力與行動該如何配合？

「教育的目標不僅僅是為了獲取知識，更重要的是為了培養能力和品質。」

——美國教育家約翰・杜威（John Dewey）

二〇〇〇年後的課綱改革已強調能力的培養，無論是國中小的能力指標，或是高中課綱的核心能力，都在指引著大家應該將能力的學習視為進入二十一世紀後的重要任務。一〇八課綱推動後，能力的培養更被包含在素養之中，強調真實情境產生學習。

回顧這些年，能力的培養推進了多少？老師們在能力的教學安排上是如何進行的？當我們將講述教學變成學生活動，讓學生實作，就能夠培養能力嗎？

我想答案應該很明顯。如果單靠學生實作就能培養能力，那我們就不會傷腦筋於學生能力不足的問題。

失敗是養成能力的必經之路

在討論能力學習之前，先來想想能力是什麼？我們何時會在乎自己或他人是否具備能力？那當然是需要運用能力來完成事情的時候。完成事情就表示問題被解決或是沒有產生問題，換言之，如果沒有完成，就代表事情變成一個待解的問題。我們將能力更進一步思考成問題解決歷程所需的能力，小自觀察與閱讀，大到決策與創造等。隨著問題在複雜度上的差異，需要運用的能力也不同。回憶過往經驗，多數時候我們並未覺察到能力被啟動，因為當時的我們正專注於問題，沒有餘力分心思考自己在做什麼。一旦成功，會繼續向前或是開心於問題被解決；但若失敗，我們會思考哪裡出錯了，進而重新了解問題，調整或改變方法，直到成功為止。

成功讓我們忘記了能力的存在，失敗反而讓我們意識到能力的存在與運用。這也讓人聯想到，為何有些學生在進行類似的任務時，有時會成功，有時會失敗。因為老師們常常在乎的是學生是否完成任務，而不是學生是如何完成任務的，導致學生關注的是是否得到了老師想要的結果，而非為何沒有完成。如果只是做能力的直接教學，也就是告知學生能力是什麼，帶著學生做一次，即使學生在老師的指導或引導下完成了任務，卻不容易體會為何非用這樣的方法（能力）不可。這樣的過程無法成為運用能力的真實經驗，未來就很難在問題情境出現時被啟動，這也才會衍生為老師或父母常抱怨孩子們怎麼又忘記的狀況了。

能力的共同與區分

在這裡，我將能力定義為有關如何完成某事的流程、探究方法，以及使用技巧、演算、技術和方法的規準。要思考如何培養能力前，我們先來認識能力有哪些類別。綜合相關教育理論或政策對於能力的分類，我將能力區分為三大類：

- **第一是通用能力。**這無關特定學科，例如觀察能力、分析問題、比較評價等。
- **第二是特定學科的技能和演算知識。**大多係指有固定最終結果，或者具有固定順序、步驟的知識，也就是有標準做法。

- **第三是特定學科技術與方法知識。**大部分為對結果具有共識或學科規範的知識，反映出專家思考和解決問題的方式，也就是特定的思考歷程。

有些能力是各種情境都會啟動的，有些則要在特定情境才能啟動；而有些能力是腦中的思考，有些則是腦中的思考加上操作。

第一類的通用能力是後兩類能力的基礎，例如觀察、比較、分類、推論、後設思考等，是學習各種知識或解決問題的「基本功」，卻也是學校現場最常被忽視的。通用能力與後面兩類能力不同，因為它不屬於任何一個學科領域，既然都不是大家的守備範圍，就不會被注意了。就好像多數人認為閱讀能力是語文老師的責任，卻忽視了閱讀是每個領域學習的通用能力，是每位老師都能在課程中放入的學習。如果要說哪個領域有可能關注這個部分，可能就屬國小第一學習階段（低年級）的生活領域。可惜的是，有些生活領域的教學設計偏重內容學習，忽略了能力養成。

忽略通用能力的培養，將影響學生學習複雜的知識。因為複雜的知識，需要結合與運用多種通用能力才能完備理解。當學生學力不佳時，僅僅是反覆解說知識或大量練習並無法保證知識學習能夠發生，最多可能是暫時記憶發揮一點效果。培養低學力學生的通用能力，讓他們能夠參與學習，對於自己的失敗進行思考，明白為何不會或錯誤，後續才知道要如何努力，如此才能根本解決學習問題。或許，未來在課綱改革或師資培育時，應該將這個部分獨立，讓所有老師都能重視通用能力的培養。

能力學習的設計

如果一個課程只聚焦於能力學習，那麼分析方式將與知識學習相同，兩者差異最大之處是在階段三選定策略。教學活動的安排就從選擇事實開始，選擇事實是為了要創造能發生學習的情境脈絡。所謂的情境就是創造學生與事實的互動，脈絡則是學生與事實間透過互動產生意義的歷程。在知識學習時，因為僅考慮最終意義的形成，課程的思考較為簡易，只要能夠形成意義的方式都是可行的；當課程以能力學習為考量時，發現意義的歷程就必須刻意安排，必須是運用這個能力才能解決的問題。

圖3 知識學習與能力學習的關係

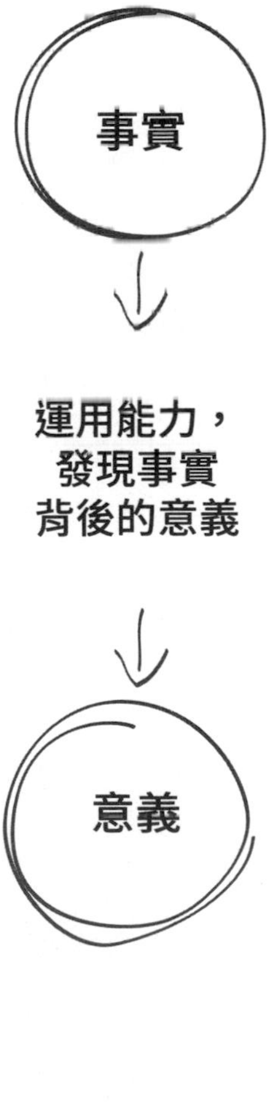

如果要同時關注知識與能力的學習，課程設計的過程不僅得分析所要培養的能力，更要包含最終會產生的知識學習。階段一釐清狀況和階段二確認目標，都是先完成了知識學習的分析，才會依據知識學習的情境來思考能力學習，以完成能力學習的分析。在階段三選定策略的部分，因為要決定學生的探究歷程，所以知識和能力的學習必須同時被考量，選擇符合意義的事實是第一步，再透過提問來引出能力運用的歷程，兩者融合才能創造出有意義的經驗。為了幫助大家聚焦在能力學習該如何設計，接下來我們將只針對能力學習為討論目標，暫時不對兼顧兩種學習的情形做深入討論。

解決問題的歷程

「如何讓學生擁有某個能力？」是這一節我們要一起解決的問題。過程中，我們將經歷幾個問題的解答，來幫助我們到達終點：這個能力進行的細節是什麼？什麼情形下需要運用這種能力？為什麼這種情形下需要運用這種能力？如果不運用這種能力，對於解決問題會有什麼影響？這個能力在解決問題中的定位是什麼？接下來，我們將以高中自然領域的課程為例，說明能力學習該要如何設計。雖然是自然領域，但因為談的是觀察能力的培養，也可適用於不同領域的通用能力。

階段一、釐清狀況

這裡我們同樣針對以下三個部分進行狀況的釐清。能力學習因為不是聚焦在特定知識，所以教材內容的分析多數情形是可以省略的，直到階段三選定策略時才會思考教材內容，因為此時選擇的教材等同於創造探究歷程所需要的事實。但若課程設計需要兼顧知識學習與能力學習，那這個部分就不會出現省略第二項的情形。以下將呈現真實釐清歷程的經過，幫助大家理解該如何思考。

- **課程綱要：**自然探究與實作，探究內容發現問題下的實作內容有觀察現象，也就是~~從日常經驗、學習活動、自然環境、書刊或網路媒體等~~，進行多方觀察。（刪除的部分並非本課程的重點，但為了讓大家清楚整個條目，故保留完整內容供大家參考）
- **教材內容：**省略。
- **學生先備知識或經驗：**學生有觀看影片的經驗。

在整合以上三項內容之前，我們需要進一步了解這些內容所要表達的意義。從上述的內容條列可以發現，課程綱要限定了是在發現問題的階段來進行觀察現象，而觀察現象僅說明了要做什麼事情，但何謂多方觀察似乎沒有被清楚定義。如果從前後文來推敲，或許可以想成不只一種觀察方式，也就是可以透過多種觀察方式來對現象進行更多的了解。這似乎仍未說明要觀察什麼，以及如何觀察等與能力更相關的訊息。

為了更清楚了解觀察現象的意義，我們找出自然領域課綱裡對於發現問題的定義：「基於好奇、求知或需要，觀察生活周遭和外在世界的現象，察覺可探究的問題，進而蒐集整理所需的資訊，釐清並訂定可解決或可測試的研究問題，預測可能的結果，提出想法、假說或模型」。發現問題共分為四個階段，依序為觀察現象、蒐集資訊、形成或訂定問題、提出可驗證的觀點。無論是對於發現問題的定義，或是四個階段的區分，都可以發現這樣的歷程不只限於自然科學的情境，所有的領域在發現問題的過程中都有相似的歷程。

從這一段敘述，觀察是為了覺察可探究的問題，如果連結到個人的經驗，我們不會馬上想到問題，只會對現象感到好奇或困惑。接下來，才是釐清好奇與困惑的過程，最後才有機會說清楚問題。基於上述的釐清過程，我們可以將原本的內容再開展成：

- 從觀察網路媒體中找出有感受的部分（感性直覺）
- 專注地觀察網路媒體的資訊（有目的地觀察直覺的來源）
- 找出資訊中好奇與特別之處（理性分析）

在這樣的釐清後，我們整合這三項的結果為在觀察網路媒體的過程中，對於引起感受之處，專注地觀察、分析並說明其中讓人好奇與特別之處。

階段二、確認目標

階段一最後的整合結果，對於模糊的說明做了初步的解構，但實際上該如何觀察、如何分析，都還沒說清楚，所以階段二需要釐清的是能力存在的意義。

首先，這是網路媒體的觀察，以影片為例，除非觀察者可以調控播放的速度與次序，否則影片的觀察是無法由觀察者決定方向與速度。因此，在還沒有辦法確定影片想要傳達的意義之前，現象觀察就必須要定時記錄，避免漏失了重要訊息。觀察者對於每個時間區段內訊息採用關鍵字或關鍵句的方式，記錄下所代表的意義，最後並將結果進行意義的詮釋與判斷。會被記錄下的都是有印象之處，通常源於兩種情形：一是我們注意到且能理解的，另一種則是我們產生感受且對意義還不確定的。這個不確定有可能是好奇，也可能是困惑。

此外我也同時注意到，觀察現象的下一個階段是蒐集資訊。觀察現象後，如何知道接下來要蒐集什麼資訊呢？除非我們能在觀察現象的階段，找出想要進一步了解的事情，否則將無法啟動後續的行動。綜合這些梳理，我將這個能力學習的關鍵理解訂為「人們會因為好奇或困惑，而對現象進行有目的的觀察，以確認好奇或困惑的來源，便於形成後續行動的判斷依據」。專家思維則是「互動與關聯」，「互動」表示觀察者與觀察事物之間的互動，這個互動並非單指動作，還包含了互動中的感受與聯想；「關聯」表示觀察事物引起觀察者感受與聯想之處所代表的意義。

階段三、選定策略

為了實踐能力學習的目標，這個階段我們必須選擇一個能引出能力被運用的情境。為了讓學生真正引出這樣的歷程，減少不必要的認知負荷，我們通常會選擇較容易理解的情境，也就是沒有過於困難知識或是太多複雜的訊息。除非，解讀複雜訊息是課程預設培養的能力。

能力學習的教學活動有兩種安排的路徑：路徑一是直接指出任務目的，例如說清楚將要播放的影片內容，以及看完影片要回答的問題，讓學生先討論任務該要如何完成；路徑二是不說明目的，學生先進行觀察，再討論，例如直接播放影片，看完影片後才詢問學生預設的問題。這兩種路徑有何差異呢？前者是先預測，過程中有意識地進行任務，同時覺察到任務是否遇到困難；後者是讓學生先覺察到自己原本面對問題的真實反應，再思考為何沒有辦法解決問題，並重新擬定方法，再一次挑戰問題。後者多了一個覺察自己現況的步驟，這樣的安排是為了讓學生改變原本的慣性，以免未來遇到真實情境時還是維持原本的習慣。畢竟，真實的問題解決過程中是不會有人告訴你等一下會遇到什麼，也不會告訴你最後有什麼問題在等著你。如果課程的時間足夠，我會建議採取路徑二，但若時間不足，有時採取路徑一也是不得不的取捨與安排。

這個課程中，我們選取的事實情境是觀看民眾戶外防曬方法的影片，找出其中引人好奇或困惑的部分，並說明原因。教學活動的進行是先讓學生隨意觀察，再詢問學生影片中的訊息。如果學生在第一次的影片觀察中並未掌握要訣，老師會再進行一次，並請學生先思考要如何調整自己觀察的方式。為了幫助學生聚焦並能形成後續行動，影片勿選擇主題過於分散的。教學活動進行的過程中將搭配以下的提問，以引導學生思考：

一、這部影片有哪些內容？

二、影片中民眾分別用了哪些方法來防曬？

三、這些方法有什麼異同？

如果學生對於第二和第三的回應不夠清楚，則可以停下，並進行以下詢問：

四、為什麼你無法說清楚剛剛影片的內容？

五、剛剛在看影片的過程中你是如何觀察的？

六、這樣的觀察方式可以得到什麼訊息？無法得到什麼訊息？

七、所以，如果等一下再進行一次，你會如何做？

學生重新觀看影片後，老師繼續引導提問：

八、你已經重新觀察了，請說明這些防曬方法的異同？
九、這些方法中哪些引起你的好奇或是困惑？
十、為什麼你會對它們好奇或困惑呢？
十一、它是怎麼說明的？方法是什麼？依據是什麼？效果又是什麼？所以哪個部分好奇或困惑？
十二、如果要進一步弄清楚，接下來你會做什麼？

在完成了影片內容的理解與討論後，接著老師便進入了觀察能力的反思：

十三、從剛剛的過程中，你發現有什麼方式可以幫助影片的觀察？
十四、為什麼這樣的方法是可行的？
十五、我們觀察的目的是什麼？
十六、哪些部分是值得記錄的？
十七、你如何運用記錄後的資料做判斷？
十八、你最後決定採取的下一步行動和這個影片的觀察有什麼關係？
十九、所以，要如何觀察才能幫助我們對一件事情做更深入的了解呢？

從上面的對話可以發現，即便是能力學習，仍然必須有知識探究的安排，否則就不知道要解決的是什麼問題，或是為何需要採取行動。老師的提問，先是讓學生聚焦在自己的直覺發現，接著是讓學生找到不成功的原因，透過最終能力學習的後設，讓學生將分析結果綜合成關鍵理解。這樣的歷程和知識學習的安排是相同的。透過最終的意義形成，讓學生更清楚能力是如何被啟動與運用的，以及能力為何能讓問題被解決。

能力與行動的連結

在上述的討論中，我不斷提到能力和行動，到底為何要如此看重這兩個部分呢？如果我們期待學生成為能力的探究者，那麼老師就必須讓自己成為能力學習的觸發者，以觸發行動的產生，反思能力的意義。若要讓這樣的歷程發生，必須先理清楚能力和行動該要如何被連結。

可以連結本書第74頁至第77頁，
感受能力培養的系統規劃的重要性。

階段一、釐清狀況：能力和行動的區分

在此階段，老師們通常是將所有訊息混雜在一起。不同於知識學習是混淆

著事實和意義，這裡被混淆的是能力與行動。為了釐清能力運用的情境、運用的原則和解決問題的效果，我們必須要從描述行動的文句中，找出關於能力的動詞。這些動詞可能是腦中的思考，也可能是實際的操作。接著，必須說清楚這個動詞被體現時清楚的過程，將能力和行動區分開，以利階段二的進行。

舉例來說，下結論（drawing）是學生常常在課程中需要採取的行動，但到底學生要怎麼「下」，得到的結論才會是合理的呢？此時，老師就應當反思自己是如何「下」結論的。下結論的行動，是因為行動者具備了「根據變化的規律性，提出變化的原則」的能力。對於「下」這個動詞進行解構，才能知道我們能夠做到這件事情所需要的真正能力。

階段二、確認目標：能力和行動的檢視

對於老師們來說，更容易說出口的是希望學生能產生何種行動。至於這樣的行動需要什麼能力，就不一定能說得清楚了。所以透過反思行動設定的原因，是一種幫助老師想清楚的方式。老師們安排學生產生這樣的行動，是想要解決什麼樣的問題？這種問題有什麼獨特性，為何非用這個能力才能解決？不用這個能力就別無他法嗎？學生在採取這個行動的過程中，會遇到什麼困難？所以

該項能力對於處理這個問題困難處的關係是什麼？能力運用的原則又是什麼？

這一連串的問題可以幫助大家自我提問與反思，透過不斷地來回比對和檢視能力與行動，確認問題情境的特性和動詞要出現的過程間的關係，才有可能形成真正的關鍵理解，並找出專家運用能力時是如何思考的。

階段三、選定策略：能力和行動的配合

我所指的學生行動就是老師熟悉的學生活動或任務安排。教學過程中，我們安排學生填寫表格、完成學習單、操作教具等，這些常見的活動為何不能保證能力的養成？如果要讓活動成為對學生有意義的經驗，那就必須在完成任務後，透過提問引導學生對於自己的歷程進行後設分析，讓學生意識到他們是如何完成任務的，以及為何需要這樣完成。

第一部曾提到，國小五年級國語文有一篇文章在談衝破逆境，我們分析後，將關鍵理解訂為「從文章安排的事件或現象在意義上的一致性，推論出文章隱含的觀點」。專家思維是關係，期望引導學生能發現事件與意義間的關係，進而產生閱讀理解。老師透過教學活動的次序安排與不同階段的提問，點出行動成功背後的關鍵——能力。

教學活動一是找出文章的觀點，老師的提問設計如下：

一、這文章提到的一路逆風，你曾經看過相似的詞嗎？（凸顯事實的提問）
二、你看過的詞是怎麼描述的？（凸顯事實的提問）
三、為什麼這篇文章要使用一個相反的詞呢？（最初關鍵提問）
四、請找出文章中的文句來支持你的論點？（找出意義的提問）
五、所以，這篇文章的觀點是什麼？（最末關鍵提問）

這一段的提問只有行動的完成，為了要凸顯能力的運用與意義，這時老師就必須進行第二輪的提問。教學活動二是推論出文章觀點的閱讀能力，老師的提問設計如下：

一、剛剛老師在詢問大家為什麼這篇文章要使用一個相反的詞時，大家說了哪些答案？（凸顯事實的問題）
二、我們最後接受了哪個說法？（凸顯事實的問題）
三、為什麼最後我們會接受某些組同學提出的說法？（最初關鍵提問）

四、那些被我們接受的說法是怎麼論述的？（找出意義的提問）
五、這些說法和文章的描述有什麼關係？（找出意義的提問）
六、我們判斷這個說法可以被接受的原因是什麼？（找出意義的提問）
七、所以，一篇文章的觀點可以用什麼方式來判斷？（最末關鍵提問）

透過這樣的提問，不僅能培養學生後設分析與自我監控的能力，更讓學生在討論的最終，掌握了推論隱含觀點可以透過文章安排的事件與意義上的一致性來完成。

阻礙成功的困難點

許多人都將能力學習的困難歸咎於學生能力不足，所以在學生完成任務的過程中給了許多指導，以確保學生能夠成功，卻忘了就是因為能力不足才需要培養。那要如何避免能力學習的設計上不成功呢？

階段一釐清狀況的困難來自於，如果沒有區分出能力和行動，多數人失敗之處在於，將重點放在要讓學生採取的行動，誤以為描述行動的句子中使用了可代表能力的動詞就算說清楚了。但其實應該將句子中的動詞單獨解構，才有可能說清楚。就像是觀察兩個字，我們在不同學習階段都會使用，但國小一年級學生的觀察和高中十年級學生的觀察必然有很大的差異，不進行解構將導致能力學習無法產生。

階段二確認目標最常見的困難是，說不清能力為何需要運用於這個行動，以及為何影響行動的成功與否，最終就找不出能力成功的原則。如果找不出原則，那階段三所擬定的策略就只有教師主導進行的活動或學生隨意完成的活動。

階段三選定策略最常見的困難是，老師如果只想確保學生的成功，在活動的進行中沒有引出學生的本能與失敗，將導致學生未能體會能力對於解決問題的效力。另一個困難則是，忽略了對於能力啟動與運用的過程進行後設，使這個學習只剩下知識學習結果的意義，而犧牲了能力學習過程的意義。

真正擁有能力的人

老師透過實作的安排，引導學生反思。實作前連結過去經驗，預想與評估可能的方式與合適性；實作後根據實作過程，思考不如預期的原因，或是過程細節的意義；探究結束時，對於該次預設的能力學習做聚焦與討論，以確保學生都能掌握探究方法運用的意義與關鍵。能力培養的關鍵在於創造能力啟動與運用的真實情境，引導反思產生自我對話。

只有任務不一定能發展能力，根據他人指令成功完成任務也只是達成他人目的。想要真正擁有能力，就必須經歷能力運用過程的困惑，唯有解決困惑，才能啟動行動背後意義的思考歷程。困惑與錯誤可以凸顯能力運用的必要性，讓能力不僅是一個行動過的經驗，更成為一段可以說明的程序性知識。只有真正掌握能力的意義，能力才能在未來持續被精進與運用。

理解問一問

- 能力學習的課程設計需要關注什麼？
- 學生學習能力時為什麼不容易遷移？
- 能力學習的提問設計如何才能成功？

11

（態度學習怎麼問）

知道和做到該如何拿捏？

「我們在一項任務剛開始時的心態，決定了最後有多大的成功，這比任何其他因素都重要。」

——美國哲學家、心理學家威廉・詹姆斯（William James）

「態度該如何教？」一直是教育現場重要的議題，或者該說是個大挑戰。畢竟態度不如知識明確，也不像是技能般有方法可循，態度常常是不容易被說清楚的。學校教育中哪些情境會出現態度的教學呢？最常見的就是各種校園宣導活動。在時間有限的情形下，通常是告知學生什麼該做、什麼不該做，卻不一定能真正改變學生的態度。若要形成或是轉變學生的態度，該如何做呢？

要解決態度學習的問題之前，我們先來了解態度會在哪裡出現，或以什麼方式出現。

「擬定因應策略」、「擬定正向的因應策略」這兩個句子的意思都是擬定因應策略，差別在於後者多了「正向的」這個詞。同樣是因應策略，多了正向這個詞，就定錨了因應策略的條件。如果是永續發展的情境，這個正向就可能是經濟、環境與社會三者的平衡；如果是綜合領域討論身心壓力的情境，這個正向就可能是調整心態、轉化問題等。擬定符合什麼態度的因應策略，這時的態度便以形容詞「正向的」來呈現。有時，態度還會以副詞來呈現，例如「正向地面對壓力」，說明了以什麼態度來面對。態度可能以形容詞的形式出現，修飾著名詞，或是以副詞的形式出現，修飾了動詞。

換言之，態度可以出現在知識（名詞）選擇的情形，也可以出現在技能（動詞）使用的情形；態度無法單獨出現，必須附著於情境中。

素養學習中最重要的，便是態度的形成，這也是為何在推動素養時總會說素養是知識、技能與態度融貫後的結果。所以必須創造真實情境，以什麼態度來詮釋問題的重點，進而選擇合宜的知識與技能來因應。舉例來說，以下是一門課程的學習目標：「學生能覺察與反思生活中的性別意識，蒐集與判讀性別相關文本、符號，針對性別歧視進行分析與組織，解構其成因與影響，並擬定正向的因應策略」。我們將文本依據名詞、動詞、形容詞或副詞進行分析，可以找出：

- **名詞**：性別意識、性別相關文本、（性別相關）符號、性別歧視、（性別歧視）成因、（性別歧視）影響、因應策略。
- **動詞**：覺察、反思、蒐集、判讀、分析、組織、解構、擬定。
- **形容詞或副詞**：生活中的、正向的。

這些詞彙可以讓我們清楚地了解到，課程預設讓學生掌握的概念、發生的學習歷程與學習表現。這些學習表現可能涉及部分預設要學習的新技能，最後則以擬定正向的因應策略來結束這個學習。

正向這個概念是老師最後才提出的嗎？是老師提供學生正向的說明或標準嗎？當然不會是這樣。因為如果只是提供給學生原則後，讓學生根據原則來處理與因應，我們只能確定學生理解任務的要求，或是能遵循要求完成工作，無法確保他們是否形成態度。態度形成並非是告知態度的知識內容，並要求態度在情境中該如何展現，而是需要透過真實經驗來培養。真實經驗包括覺察與態度相關的現象存在，意識到現象背後相關態度的知識，思辨態度存在與否對於現象的影響，進而掌握對態度的關鍵理解，思考態度展現的合宜行動。

這樣的歷程如同知識與能力的學習過程，但更為困難的是，態度的形成是包含知識的掌握與能力的展現，因此在解決態度學習的問題上，必須創造出產生思辨因應態度的真實經驗，進而形成對態度的理解，建立實踐態度的選擇與責任。接下來，我們就以國小低年級的課程為例，透過解決問題三階段走一趟態度學習的設計歷程。

解決問題的歷程

階段一、釐清狀況

這裡要討論的屬於校訂課程範圍，在規劃時主要以學校願景下的學生圖像為依據，所以釐清狀況時只有兩個部分：一是學生圖像，二是學生先備知識或經驗。條列出重點後，再梳理與整合兩者的關係與意義。以下將透過真實釐清歷程的經過，幫助大家理解該如何思考。

●學生圖像：能理解他人喜好與想法和自己不同，並採取合宜的互動方式。

（學生圖像中同理尊重面向的低年級指標）

●學生先備知識或經驗：低年級學生多數認為他人的想法和自己相同，加上少子化情形，許多學生都是獨生子女，這樣的情形就更趨嚴重，進而在生活中衍生許多不理解、爭執或衝突。

●整合前兩項的結果：能透過理解人我差異的存在，進而以合宜方式與人互動。

狀況釐清的內容中，學生先備知識或經驗能提供我們了解，學生在情境中實踐展現的表現，以及對於態度相關的知識或能力已擁有或缺乏什麼。這樣的梳理過程，讓我們更容易在後續的兩個階段定錨態度的關鍵理解，以及策略擬定。畢竟同一個態度的用詞，在不同發展階段是完全不同的深度，有著不同的定義，進而影響到教學任務的規劃。

階段二、確認目標

第一個階段整合後，我們進一步分析「能透過理解人我差異的存在，進而以合宜方式與人互動」這一段話的內涵。首先，找出與態度相關的知識，包含「人我差異」、「合宜方式」及「與人互動」；另一個則是與態度展現相關的能力，包含「理解」、「分析」、「評估」及「互動」。這個部分多了分析和評估，原因是合宜方式的決定需要透過分析差異的內容與來源，評估互動情境後才能進行。

以國小低年級而言，我們先來說明有關態度的知識面向。「人我差異」在於生活方式或各種喜好的不同，著重於個人對於具體人事物的感受與判斷。「合宜方式」因著人我差異的範圍界定後，著重於同理每個人的不一樣，尊重多元的存在。「與人互動」則是在同理差異與尊重多元後，在言語表達對於這種情形的理解，並於行動中展現考量他人的作為。

當知識被確定後，在展現態度的過程中需要具備的能力便可以清楚地解構。首先是「理解」，這裡的理解包含認知上理解個體的不同，以及情感上同理對方即便和我不同，但面對自己的喜好是一樣的情感。再者是「分析」與「評估」，分析差異出現的情境，評估這樣的情境下自己需要回應的方式。「互動」則是將評估後的結果，透過語言表達或行動，向他人展現自己對於差異的回應。

態度最終展現在「合宜」之中，包括了在知識上關於人我差異與情境的理解，也包含在理解之後所展現的分析與評估能力，最終以互動方式呈現自己面對差異與多元的態度。完成這樣的分析與解構後，再後設自己的解構歷程，便可發現，我們理解衝突與矛盾來自於個體只在乎結果的不同，卻沒有深思結果的差異是如何產生的。所以，覺察與理解差異內容，並找尋差異的來源，是專家會出現的歷程。當專家確認了差異後，便能夠將這樣的差異轉化為同理、體認與尊重多元的存在。最終便評估情境和應對方式間的關係，才會展現合宜的互動。

這樣的爬梳過程，讓我們將專家思維定位為「差異和多元」與「關係」，前者的關鍵理解是「理解差異的內容與來源，同理與尊重多元的存在」，以及「分析與評估情境的特性，展現同理與尊重他人的言語及行動」。

階段三、選定策略

在確認目標後，選擇符合國小低年級發展階段並能啟動與運用該態度的情境，規劃學生的探究歷程，引出專家思維的過程，最終發現關鍵理解。在探究歷程的三階段中，規劃了三個學生會遇到的情境。

在導入階段，為了讓學生覺察到關鍵理解的存在，我們選擇了多數學生最容易理解且有豐富經驗的食物好惡為情境。課程安排了食物判斷與推薦的活動，讓學生意識到自己討厭的食物可能是別人喜歡的食物，而自己喜歡的食物竟然不被他人喜歡，藉此了解到人我差異的存在，進而理解食物喜好的多元可能，同理即便喜好的是不同食物，心情與感受仍是相同。

在建構階段，我們安排學生討論班級遊戲時間要進行的活動，每個學生都能提出自己喜好的遊戲，並由老師提醒前一次食物好惡的學習中發現的意義，請學生討論，當遇到大家有不同喜好的遊戲時，接下來應該要做什麼。接著，學生詢問與聆聽每一個想法的原因，並討論如果要大家一起遊戲該如何選擇，最終評估與決定出最適合大家同樂的方式。

在深化階段，則是安排了學生為幼兒園的弟弟妹妹選擇一本繪本閱讀，成為照顧弟弟妹妹的說故事者。由老師先與幼兒園老師討論，為了創造態度形成的情境，刻意將不同特質與喜好的孩子們進行配對，以便低年級學生產生理解差異與尊重多元，進而以合宜方式互動的真實經驗。在低年級的學生選擇自己喜好的繪本並說故事後，意識到這繪本並非弟弟妹妹喜歡的。老師引導學生思考為何會發生這樣的情形，並讓學生重新思考後續要怎麼選擇繪本。教師引導與提問的次序如下：

一、各位小朋友，我們下星期要到幼兒園跟弟弟妹妹說故事，每一個人都要負責跟一位弟弟或妹妹說故事喔！所以大家先在圖書館裡面選一本你想要說的書。

二、大家選了什麼書呢？你為什麼選這一本呢？

三、各位小朋友，我們等一下就要去讀繪本給弟弟妹妹聽了，大家要好好唸喔，唸完之後記得要問弟弟妹妹喜不喜歡喔！

四、各位小朋友，剛剛你在說故事的時候，弟弟妹妹有好好聽你說話嗎？

五、弟弟妹妹喜歡你選的書嗎？

六、弟弟妹妹為什麼不喜歡你的書？（最初的關鍵提問，引起探究）

七、大家記得我們之前有說每個人喜歡的食物都不一樣的事情嗎？那時候我們發現了什麼？

八、我們後來還一起討論了大家要一起玩的遊戲，我們最後怎麼決定要玩什麼的呢？

九、大家想一想喔，上次老師問你為什麼要選這一本書給弟弟妹妹時，記得你跟老師說的話嗎？

十、如果我想要讓弟弟妹妹喜歡我選的書，那我應該要怎麼選呢？

十一、我們要怎樣才知道他們喜歡什麼呢？
十二、各位小朋友，等一下我們要去幼兒園跟弟弟妹妹說話，記得要問什麼嗎？
十三、各位小朋友，剛剛跟弟弟妹妹說話後，你知道要選什麼樣的書了嗎？
十四、各位小朋友，剛剛你在說故事的時候，弟弟妹妹有好好聽你說話嗎？
十五、為什麼這次弟弟妹妹比較認真聽了呢？
十六、所以，如果以後我要幫忙別人時，我要怎麼樣才能把事情做好呢？

（最末的關鍵提問，形成意義）

從上面的引導和提問可以發現，老師透過探究歷程與提問，先是讓學生聚焦於重要的事實上，引導學生發現自己只是以個人的喜好來做選擇。當意識到他人並不喜歡自己的選擇後，接著提問引起探究的最初關鍵提問，透過引導梳理讓學生連結過去的經驗，分析弟弟妹妹參與狀況，思考與他人互動的意義後，讓學生重新嘗試，並透過提問，引導學生思考弟弟妹妹態度轉變的事實，最終再以最末關鍵提問，讓學生將分析結果形成關鍵理解。

透過選擇學生可理解的事實，創造覺察差異存在的情境，更透過三次越來越複雜的情境，讓學生理解差異形成的原因，乃至理解多元的存在。在理解了差異與多元後，更讓學生在三個不同的情境中，嘗試分析與評估該要如何互動，使學生從最初能同理他人且不評論他人對於食物的喜好，到能考量大家要同樂而選擇最適合的遊戲，最終透過理解他人而選擇適合他人的繪本，深刻理解情境與合宜互動的關係。

深化階段的任務，特別安排學生因未能掌握情境而做出不合宜互動的行動，真正感受到改變互動方式的必要，讓態度的學習不只是停留在導入階段的掌握知識，也不只是建構階段中展現態度的能力，更是深刻體會到態度的價值，才能在最後整合有關態度的知識、能力與價值，做出合宜的行動。行動完成後，老師透過提問，讓學生對於整段探究做出綜合結論，對這一段經驗賦予意義。

知道和做到的區分

從上述的討論中，我不斷提到態度有關的知識、能力和價值，更強調選取能覺察這個態度必要的事實，才能讓學生發現意義。到底為何在態度的學習上，需要考量的部分更多了呢？過往態度學習常常只是停留在讓學生知道態度的知識，或是安排一個活動，讓學生依據老師的指示展現出態度的能力或行動，但這都不是態度學習。態度學習需要兼具知識和能力，更重要是創造出感性的經驗，真正感受到若沒有以此態度面對將產生的影響，才能讓學生擺脫只是知道知識，或者只是無意識地依據指令做到的情況，成為能夠真正運用知識來辨識與評估情境、做出判斷並採取合宜行動的人。

可以連結本書第123頁至第128頁，引起感受對於學習投入與態度形成的必要性。

階段一、釐清狀況：知道和做到的區分

為了真正掌握對態度的了解，在釐清狀況時，必須羅列出希望學生達成的態度，並找出學生在生活情境中實際的經驗等。同時，要能分析學生需要習得這個態度的原因，以及若不具備這樣的態度會有何影響。

階段二、確認目標：知道和做到的檢視

在盤點與梳理了相關內容後，確認目標階段必須清楚地分析出相關知識，定義每一個知識的意義，以及這些意義之間的關係。同時，也必須思考這些知識被理解或展現的過程需要具備的能力，最終後設這樣的態度展現所經歷的專家思維，進而綜整知道與做到，撰寫出清楚的關鍵理解。

階段三、選定策略：知道和做到的拿捏

為了讓學生真正覺察到態度的存在，讓知道的歷程發生，必須先安排讓這個經驗出現的情境；在確認學生已經知道後，進一步安排更複雜且真正需要考量人我互動的情境，讓學生真正做到評估與決定合宜互動方式的行動。當學生透過老師有次序的情境安排後，真正掌握知道和做到的意義，再透過深化階段，考驗學生能否展現出態度，並意識到自己還沒有真正形成態度，讓學生深刻體認態度展現的重要性，明白「知道態度」、「做到態度」及「形成態度」三個階段的清楚區隔與累積，成為真正擁有態度的人。

阻礙成功的困難點

關於態度學習的設計上，最常遇到的困難分別是在階段二確認目標與階段三選定策略。在階段二確認目標，最常見的困難是，設計者無法清楚分析出需要哪些知識的理解及能力，才能真正展現態度，使得態度學習變成口號或宣導，因為太多秘密沒有被後設與解構。此外，態度學習因為涉及知識、能力與價值三個部分，需要逐步完成，不容易一步到位，也增加了設計者在確認目標上的難度，進而產生簡化態度學習的問題。

在階段三選定策略，對於設計者最常見的困難點和其他學習是相同的，那就是無法選取合適的事實來創造真實經驗。此外，態度的形成需要漸進與累積，所以導入、建構與深化三階段的關聯性又比起其他學習更緊密，這也增加了設計者的困難。若能充分理解學習者的發展階段與生活經驗，並能掌握「知道態度」、「做到態度」及「形成態度」的三個發展進程，便有可能促成態度學習的發生。

一旦知道每個探究任務與階段的目的，那引導與提問的設計就不是難題，而不致出現問題不連貫或隨意的情形，更不會暗示學生什麼答案才是老師想要的。學生將真正從互動中覺察現象，理解現象產生的原因，進而分析與推論出合宜的態度。

有些老師或家長會擔心，學生真的有辦法發現態度的重要性嗎？我想說的是，如果我們真的創造出讓學生有感的經驗，他便會自己分析與發現為何需要以這樣的態度面對。除非要讓學生形成的態度只是單純我們個人喜好而已，並不具有思辨後的意義，那麼不管如何安排或設計情境，最終學生都還是難以形成大人想要的態度。

真正展現態度的人

態度的學習往往比知識和能力需要更久的時間，因為態度本身就包含了知識的理解與能力的養成，但要成為習慣，就必須體會，如果做到了會帶來什麼意義。

態度的學習存在於所有學科領域，如同科學的學習過程，我們不僅會知道科學家運用科學方法所形成的科學知識，也會在參與這樣的發現過程中，意識到科學是從對於現象的好奇或困惑而開始的。為了確定現象形成原因或運作的原理，便透過嚴謹的研究設計，最終推論出結果。

這樣的歷程不僅反映出科學求真的本質，更將複雜現象以數學語言或簡明文字表達，展現出科學與自然的美，這便是每一次科學學習都存在的態度。但關鍵在於，老師們是否刻意創造對於這樣的態度的覺察，將影響學生對於科學知識是知道還是理解，以及能否正確運用科學方法。

無論我們對於態度學習是否有較深的期待，都需要更縝密地規劃這樣的學習。同時，也要有更大的信心，相信孩子們是能夠形成態度的。唯有在學習的過程中，有了感性的感受與理性的理解過程，也體會到態度對於自己、他人與世界的影響，才有機會成為真正擁有態度的人。

透過生活中不同情境的出現與試煉，讓我們從不熟悉或不習慣展現出合宜態度，到能快速辨識情境與評估因應方式，自然地展現出合宜行動，那麼我們便能說自己已經形成態度了。

理解問一問

● 態度學習的課程設計需要關注什麼？

● 學生學習態度時為什麼不容易落實？

● 態度學習的提問設計如何才能成功？

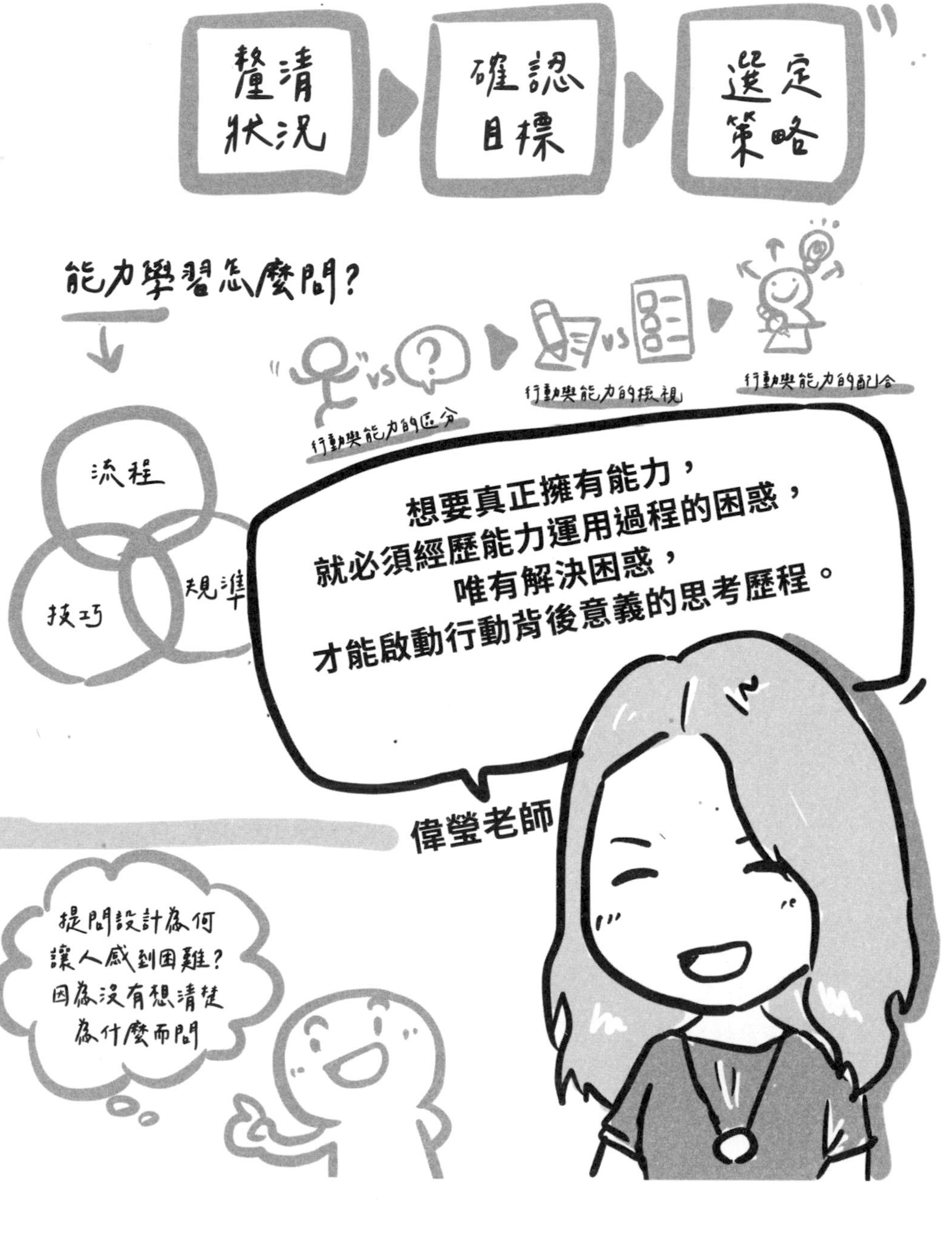
釐清狀況
確認目標
選定策略
能力學習怎麼問？
行動與能力的區分
行動與能力的檢視
行動與能力的配合
流程
技巧
規準
想要真正擁有能力，
就必須經歷能力運用過程的困惑，
唯有解決困惑，
才能啟動行動背後意義的思考歷程。
偉瑩老師
提問設計為何
讓人感到困難？
因為沒有想清楚
為什麼而問

3. 運用

師生角色的轉變

事實與意義的區別 ▶ 事實與意義的檢視 ▶ 事實與意義的組合

知識學習怎麼問?

態度學習怎麼問?

知道與做到的區分 ▶ 知道與做到的檢視 ▶ 知道與做到的拿捏

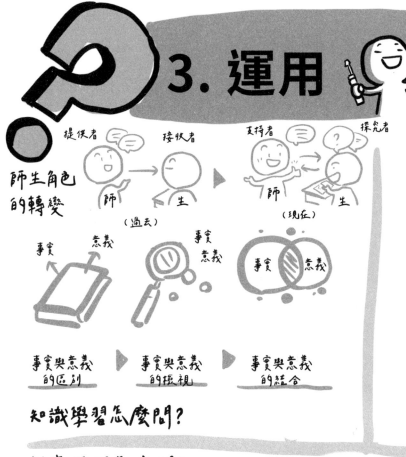

即使提問有共同的原則，不代表就能解決各種情境的問題，

在面對不同的情境時，我們仍需要掌握各種情境的特性。

具備情境所需的專業知能，才能有效展開問題解決三階段。

從釐清狀況中盤點重要資訊、找出脈絡關係；

解構能掌握情境的思維，進而確認目標；

擬定策略，善用情境事件，

透過提問引導，促進真實的學習與成長發生。

第四部 情境

帶著問題出發——

- 為何不同情境在提問上需有不同考量？
- 如何運用提問有效解決不同情境的問題？

12

〈當跨領域學習遇上提問〉

活動化如何避免？

「理想，不付諸行動是虛無縹緲的霧；行動，而沒有理想，是徒走沒有盡頭的路。」

——佚名

跨領域學習其實早在前一波課綱時就已在國中小推動。當時主要是主題統整的形式，不同的學科領域針對同一個主題各自進行課程設計，再組合成一個課程，讓學生學習到同一個主題的不同面向，但學習仍是各領域壁壘分明的。近年來，改變著重於真實現象的探究，從現象出發，在探究過程中自然而然地為了理解或行動，引入不同領域的知識或能力。不將世界以學科領域的方式被切割，而是讓學生真正理解到世界的整體。

這樣的學習有別於過去以學科切分的方式，看似沒有效率、無法結構性地學習知識，但學生卻不需要像過去那般要把被切分的世界組合起來，學習的結果反而更容易因應與面對真實世界的挑戰。

跨領域學習下的情境特性

在解決跨領域學習該如何設計的問題之前，理解跨領域學習的特性，將有助於我們掌握問題與解方。跨領域學習的情境不同於領域學習，沒有明確的學習重點，也沒有直接可以使用的教學素材，更沒有紙筆測驗來評估學習是否達標。這麼多的不確定，成為跨領域學習的挑戰，卻也創造出它的彈性與優勢。

學習重點的設定：現象是發現意義的載體

可以連結本書第148頁至第153頁，掌握事實如何創造跨域學習脈絡的關鍵。

跨領域學習從現象出發，選擇適合學生發展階段的現象，從生活、家庭、學校，逐漸擴大到社區、區域、國家，最終到國際。時間軸從現在到過去，甚至是未來。老師可以就學校學生與社區特性，選擇適合的主題，依據學校願景與學生圖像，發展學生的素養。學習重點的設定包含現象中重要的知識、理解現象或採取相關行動需要的能力，以及掌握思考與面對這些現象的重要態度與價值。三者的設定並非各自獨立，其中需要被優先決定的是態度與價值。選擇了態度與價值後，才能取捨必要的知識，創造出必要的歷程，決定需要培養的能力。

如果沒有設定好學習重點，便容易把現象當成學習的目的。例如，為了讓學生理解到傳統文化的流失或轉變，進而體認到文化傳承的必要與意義，老師選擇了農曆新年為例進行探究，如果沒有掌握到學習重點，便會關注於理解各種儀式與意義，而非覺察到文化儀式中流失的現象與原因，也沒有理解與分析文化在不同時代的形勢轉變與意義保存，最後可能窄化了文化傳承的方式，學習的重點更可能只放在各種體驗活動。

學習素材的選擇：現象是發現意義的入口

跨領域學習既然是從現象出發，也是由學校老師們共同決定學習重點，那學習教材必然就是老師選擇或發展了。教材的目的並非提供結論給學生，反而是提供探究的素材，所以常見的教材有影片、網路文章，乃至實際的場域或人物等。有時，教材是學生與場域或人物互動後才會產生的，例如學生訪談後的逐字稿。當逐字稿成為探究的文本時，透過分析來發現意義，思考下一步行動。

如果是以教導的慣性，有可能會選取事實與意義並陳的素材。也就是說，教材本身已經提供了結果，學生不需要透過觀察與分析才知道。這樣的學習過程，往往只是摘要與整理閱讀的內容。如果回到跨領域學習的目標，直接給學生結果是我們比較少會運用的方式，所以素材的選擇上盡可能提供客觀現況的描述，才有機會引出對於真實世界的好奇、理解、分析與推論等行動。

學習評量的對焦：現象是發現意義的窗口

評量在跨領域學習中往往也是學習。不同於傳統對於評量的印象，這時候的評量不是最後評量前面學習結果，更多的情況是，以學習任務的方式，讓學生以探究過程中發現與體會的態度價值，透過完成最終表現任務的過程，來展現關鍵的能力，並從結果中看出學生對於態度價值的行動。換言之，老師經由學生對於現象的理解，以及創造出的現象，促成並評價學生的學習。現象，就這樣成為我們發現學生學習意義的窗口。

這三個情境特性都反映出跨領域學習中現象的重要性，認清現象與意義在學習上的定位，成為駕馭這種學習情境的關鍵。如果誤將現象當成學習目標，那麼這些瑣碎的事實知識將變成重點，老師們可能就會遇到學生學習動機的挑戰，更將誤解成「因為不考試，所以學生不想學」。

跨領域學習的提問

跨領域學習與其他學習的提問設計是相同的，都必須先釐清狀況，在確認目標後選定策略，選擇合適的事實，透過提問來凸顯現象的特徵與意義。跨領域學習多數是需要較長的歷程才能完成，在提問的規劃與設計上便與領域學習有所區隔。

提問設計的切分

跨領域學習在現場中，最理想的體現形式是一門獨立課程。如果是以領域課程做跨領域的統整，往往必須以領域學習目的為重，就不容易單純以現象在真實世界的意義為目標。如果是一門課程，那提問該怎麼進行呢？依據課程理念，確認整體課程目標，完成課程整體的關鍵提問，再將整體課程目標切分出每個單元的目標，完成要探究的關鍵提問；最後將單元切分為每次課程，並完成該次課程的關鍵提問。

為了更準確地掌握學習探究的方向，我們用一連串的提問設計，來確保跨領域學習是持續引起學生思考的探究歷程。為了達成這樣的期望，我們可以將提問設計分為三種尺度，分別是整個課程的關鍵提問、每個單元的關鍵提問及每次課程的關鍵提問。關鍵提問必須對焦於關鍵理解，所以在確認目標時，必須切分出每種尺度下的關鍵理解，包括整個課程的關鍵理解、單元的關鍵理解及每次課程的關鍵理解。既然每種尺度都有不同的關鍵理解需要確認，那就表示要弄清楚選取的現象探究任務能否帶出這樣的理解。大的現象要切分為漸進的探究現象，每個單元要聚焦進行的現象探究任務，每次課程要進行的現象探究任務。

無論是整個課程、每個單元或是每個課程，關鍵提問的提出必須要能產生兩個作用，包含對於探究最初的關鍵提問，目的是要引起困惑或好奇而展開探究的提問，以及探究最末的關鍵提問，目的是要促進聚焦收斂而形成概念的提問。前者是以事實覺察與認識出發，啟動現象探究；後者以反思與歸納產生結論，聚焦意義的形成。前者對於現象提出意義的探詢，所以常用「為什麼」（why）做為提問的開頭；後者則要收斂探究，所以常用「什麼」（what）為

圖4 提問設計的三種尺度

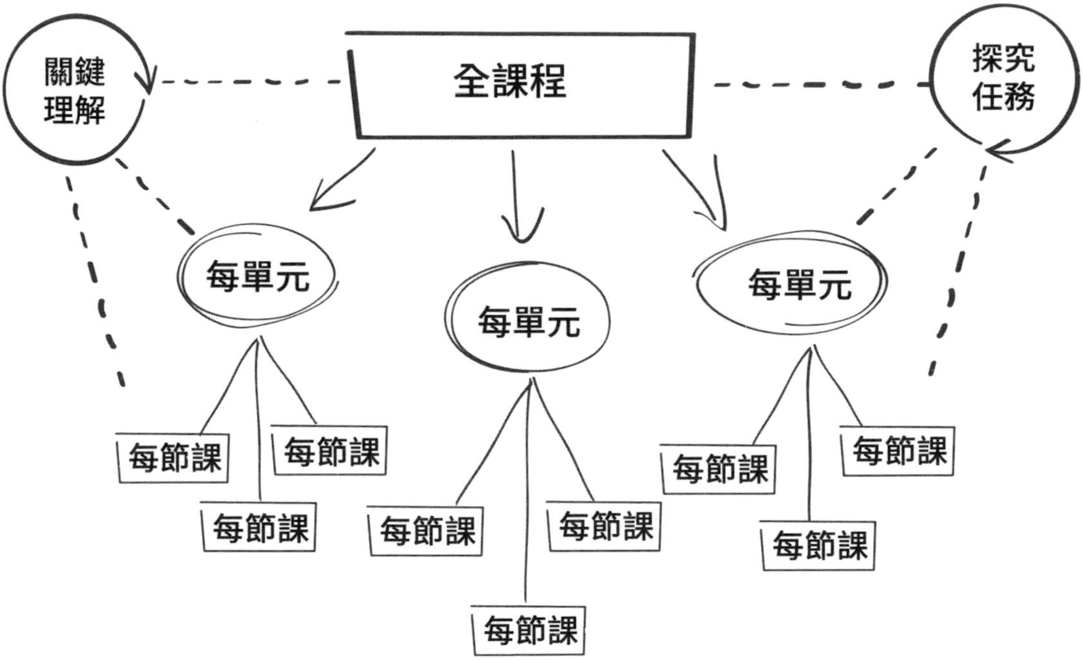

結尾，總結該次探究的發現。

整合關鍵提問的三種尺度與兩個作用，我們以表6呈現。這個課程是以友善農法與人道飼養的現象探究，覺察到人類與地球資源互動的方式對人類的影響，進而形成永續地球的態度價值，負起友善地球的責任與行動。從學生最貼近的農產價格差異，思考差異的原因，將原本消費價格考量的視角，轉換為價格差異背後反映出的人類與地球間的互動與關聯。理解永續地球是相對容易的，但形成永續地球的態度是相對困難的，因為我們期望的不僅是學生知道，更是學生能將這些理解體現於生活中的每個決定與行動，所以需要不斷地引起學生對於現象的挖掘，形成深刻的關鍵理解。

為了讓這段歷程的邏輯順暢，切分出提問的尺度與作用，是一個確保跨領域學習有效的方式。

提問設計的實踐

不管何種情境下提問，其實提問原則都是相同的。掌握關鍵理解的發展次序，選擇符合意義且容易有感的現象後，便能夠著手設計了。接下來將以表6的一次課程為例，說明跨領域學習的提問設計次序。該次課程探究的現象是，

表 6 跨領域學習的關鍵提問

尺度	設定的關鍵理解	最初的關鍵提問	最末的關鍵提問
全課程	人類對待地球的方式，將回饋到人類自己。運用友善土地與其他生物的方式，取得生存所需，是人類對於地球永續的責任	為什麼一樣是雞蛋，價格差異卻這麼大？	人們選擇更麻煩的方式來耕種與飼養的原因是什麼？人們願意購買更昂貴的商品的原因是什麼？
每單元	農畜產品有著不同的價格，背後的差異來自於不同的耕種與飼養方式	為什麼一樣是雞蛋，價格差異會這麼大？	人們在消費時，考量生產方式的原因是什麼？
每節課	消費者選擇產品的考量反映了不同的價值	為什麼不管何種價格的雞蛋，都會有人購買？	消費者選購商品的考量因素有哪些？

註：

1. 一次課程的時間長度是依據每次進行的節數而定，通常是 1-2 節。
2. 表中所舉的一個單元是整個課程的第一個單元；一次課程則是第一個單元的第二節課程。

超級市場相同商品的價格差異，藉以覺察價格差異背後的不同生產方式，理解消費行為背後的不同考量。第一個單元共有四節課，以下說明的是第二節課程讓學生發現，原來存在著友善環境為原則的消費行為。

一、確認意義形成終點，決定最終的關鍵提問：消費者選購商品的考量因素有哪些？

二、確認探究啟動起點，決定最初的關鍵提問：為什麼不管何種價格的雞蛋，都會有人購買？

三、確認現象聚焦特性，決定掃描背景的提問：雞蛋有哪些價格？你會買哪一種？你是怎麼決定的？每一種雞蛋都有人買嗎？

四、確認刻意探究歷程，決定觀察分析的提問：不同價格的雞蛋有何差異？這些差異和價格有關係嗎？不同的價格雞蛋對於不同消費者的吸引力是什麼？

實際上，課程進行的次序與設計的次序是不相同的。課程進行的次序必須符合真實探究經驗的歷程，而提問設計的次序則是先決定探究終點後，再決定如何讓這樣的探究被啟動。定錨的起點與終點後，才會思考著最初探究出現前及探究開始後，該如何觀察現象。課程進行的次序如下：

一、第一節課課後請學生準備作業：每個人記錄超級市場三類農畜產品，每類須找出三種不同價格的產品，拍照並記錄價格、商家。

二、第二節課開始時，老師先請同學四人一組，相互介紹自己作業的內容。

三、老師依序提問：

- 雞蛋有哪些價格？
- 你會買哪一種？
- 你是怎麼決定的？
- 每一種雞蛋都有人買嗎？
- 為什麼不管何種價格的雞蛋，都會有人購買？（最初的關鍵提問）
- 不同價格的雞蛋有何差異？
- 這些差異和價格有關係嗎？
- 不同價格的雞蛋對不同消費者的吸引力是什麼？

●所以，消費者選購商品的考量因素有哪些？（最末的關鍵提問）

四、老師總結大家討論的發現，也請學生回家後思考不同的消費考量有何差異？會產生什麼影響？這些問題將於第三節課程繼續討論。

我曾經遇到老師提出疑問：這樣的安排不也是老師主導嗎？為何這樣還是探究呢？又為何仍然保留學生探究的主體性呢？要如何確認自己安排了真正的探究呢？我想可以透過以下幾點來檢視：

- 你是否提供了客觀的現象讓學生觀察？
- 你是否讓學生從觀察中發現了客觀的事實？
- 你是否讓學生比較與分析了客觀的事實？
- 你是否讓學生自己對於比較與分析的發現進行推論？
- 你是否讓學生檢視與評估自己的推論是否合宜？

簡單來說，我會提醒老師們的是，如果你刻意阻斷了某些客觀事實，學生只能看到某些面向的資料，就會因為片面的資料而形成偏頗的觀點（卻是老師預期的觀點）。如果是這樣，我想老師的擔憂就會成為事實。反之，如果老師們即使安排的是自己對於世界發現的歷程，卻仍讓學生可以真正觀察、覺察與理解現象，在比較與分析後，能夠推論出合理的解釋，形成自己的觀點，我想老師們就不用太過憂慮了。

啟動眞實世界的探究

如果一個人的學習與成長，都必須透過自己在真實世界中闖蕩，那我們的智識發展可能會非常緩慢。傳統教育則是讓闖蕩的歷程消失，所有的學習與成長都用灌輸或提供的，表面看來智識發展似乎很快速，實際上只是以很斷裂的方式接收了專家發現的世界。智識發展的重點倘若缺少了能力與態度的養成，就很容易在課堂中創造出無意義的經驗。過去或許沒有造成太嚴重的後果，然而卻在知識爆炸與網路時代下遇到大困境。在課堂中創造出資訊相對清楚且客觀的現象探究歷程，將有助於縮短闖蕩的時間，掌握真實世界的整體，進而理解能力運用的方式，體會以某種態度價值面對世界的意義。

如果一個課程的每個學習任務間是斷裂的，或是每個學習任務完成後是老師直接揭示意義的，這樣的學習安排就落入「活動化」。提問設計是避免活動化最有效的方式，當老師很認真地思考著，如何運用提問來引導學生展開探究歷程，不僅是引出行動，也引起思考，更引出發現與意義。

理解問一問

- 跨領域課程設計需要關注什麼？
- 跨領域課程設計應該如何提問？
- 跨領域課程要如何避免活動化？

13

當專題學習遇上提問

過度指導如何避免？

「我不會馬上給你答案。雖然你可能因為這樣而繞遠路，卻能訓練你思考。」

——日本高校棒球隊老牌教練西谷浩一

PBL這個詞在教育現場並不陌生，使用這個縮寫名稱的學習方式有兩種，為了便於說明，以下我將用「專題學習」來涵蓋兩種學習。

一是問題本位探究式學習（Problem-Based Learning），這種學習是由結構模糊的真實任務開始，採用的是以學生為中心、從真實問題出發的學習；二是專題本位探究式學習（Project-Based Learning），透過安排真實任務或專題，引導學習者學習如何從事研究工作並學習研究人員的角色。簡言之，前者就是從真實世界出發，一開始並不確定真正的問題是什麼；後者則是從特定的任務出發，透過假設的驗證，進行探究歷程的計畫與設計。

這兩種PBL也常與其他類似的學習混淆，例如前者跟設計思考，後者和研究法的學習，項目間的關係或差異也常被討論。設計思考強調把人放在首位，將人的需要轉變為需求；研究法則著重於學術研究的思考與方法學習，內容相對複雜，學習門檻較高。兩者的共同之處是，在乎學生能否透過真實且完整的探究歷程，習得相關的能力與態度。如果問我，為何要讓學生經歷PBL的學習？我想，最重要的就是讓學生真正完成一件事情，知道原來世界是可以透過自己來理解的，也清楚知道自己擁有哪些能力，並在過程中真實感受，形成真正的態度與價值。

專題學習的情境特性

專題學習既然有其重要性，為何有些老師覺得一開始是困難的，甚至開始了也覺得要能夠操作得宜是困難的呢？

我想，這必須先從了解這樣的學習情境特性談起。

學習進行的歷程

兩種PBL雖然起點不同，但過程中都包含了問題的確定、資料的蒐集、資料的分析與解釋，也常在得到答案後展開下一輪的探究，繼續深化原有的發現或是解答過程中遇到的其他問題。

- **問題本位：**以問題進行分析探討，常見的流程包括建立問題結構、具體分析問題、探究調查或進行實驗蒐集資料、對資料進行解釋及說明策略、說明成果與問題的關聯性、對問題進行再探索。
- **專題本位：**以主動探究進行學習解決一連串的問題，重點聚焦在完成作品的學習，過程包括觀察現象、定義問題、提出假設與預測、擬定計畫與設計歷程、尋找資料、進行研究或試驗、分析資料、進行解釋形成結論，最終能進行分享溝通。

學習結果的掌握

兩種PBL因為起點的差異，對於學習結果的設定也不同。問題本位的學習可能因為學生或學生小組的興趣與決定而異，但專題本位的學習即便研究問題不全相同，仍可在教師的安排下出現相同的歷程，確保可掌握並預測的學習結果。

- **問題本位**：學習來自於解決問題的歷程，由於最初的問題是模糊的，所以學生需要更有意識地判斷與決定如何蒐集資料，以及為何做出這樣的選擇。同樣的感受也會出現在分析資料，甚至於解決問題的行動。由於這個過程如何發生，深受探究者所影響，所以不一定能預先確定會發生什麼樣的學習。
- **專題本位**：因為已經是明確的任務與歷程，所以對於要培養知識、能力與態度有較好的掌握。即便如此，過程中仍要先把握住完成任務的能力，也就是說，能力的學習必須先出現，探究結果（知識）的產生才可能出現。更重要的是，當學生出現了不合宜或合宜的態度時，老師必須點出，讓學生知道為何要如此進行。在這樣的學習過程中，老師要更專注於學生是如何進行學習的。

師生關係的拿捏

這樣的學習如何被完成，將深受學生探究經驗與能力的影響。所以，老師們常在考量學習時間的長短、評估學生的經驗與能力、決定當次的學習目標後，確認該次學習過程中的師生關係。這樣的師生關係有三種可能：

- **教師導向的探究：**探究範圍與問題都由老師主導，學生經由老師的指導，經過相同的歷程與任務呈現，完成探究。這種關係多出現於學生沒有探究經驗或能力時，所以老師的安排以產生經驗與培養基本能力為主。
- **師生共同的探究：**探究範圍可以是老師或師生決定，在探究問題、歷程與任務呈現上也可以是師生決定或學生決定。這種關係多出現於學生曾有探究經驗或部分能力，老師只需要針對新增的能力做學習上的安排。
- **學生導向的探究：**探究範圍可以是老師或師生決定，探究問題、歷程與任務呈現由學生決定。這種關係多出現於學生探究經驗或能力相對豐富的情形下，老師的角色成為支持者，視學生學習發展的情形，提出與討論必要的問題，幫助學生思考。

專題學習的提問引導

若要解決這種學習的問題，我們該如何進行呢？同樣地，我們以解決問題三階段來分析。

首先，在階段一釐清狀況時，我們必須釐清該次學習的探究歷程，確認學生相關的經驗與能力。專題學習的歷程在前一段已經做了許多討論，可以確定的是，專題本位的學習歷程相對容易盤點，但問題本位的學習歷程就存在多元可能。即便問題本位的學習存在著不確定，老師仍需要梳理該次探究中哪些環節是關鍵的，例如問題的提出必須符合所觀察的現象、引用的現象是否充足、現象的蒐集是否已預設答案而左右了問題的提出等。這些細節的盤點，考驗著老師本身的探究經驗與知能。

以專題學習歷程中的「規劃與設計」為例，兩種PBL都需要根據任務或問題，進一步規劃流程與設計方式。需要思考的是，該進行哪些流程與順序？何時或如何調整流程？要運用哪些素材？蒐集哪些資料及相關數量？這些過程都是必要被條列與梳理的。

接著，在階段二確認目標時，必須解構專題學習的思考歷程。專題學習不只是產生行動，更重要的是，學生是否知道每個行動在專題學習歷程的意義。一旦掌握意義，才可能監控自己的行動是否符合與合宜。換言之，即便是以行動為主的專題學習，關鍵理解與專家思維的確立仍是必要的。

延續階段一那一連串關於「規劃與設計」所條列出的問題，可以發現其中隱含了兩個思考：一是提出有邏輯的、安全的及符合研究倫理的流程；另一個則是呈現可行的設計，能蒐集足夠資料來回答疑問或驗證假設。由此，我們可以提出的關鍵理解是，合宜的設計必定能取得回應問題的有效、充足且可信證據。專家思維則是關係，包含了流程和問題的關係、流程次序的邏輯關係、資料和問題的關係，以及資料和資料間的關係等。這些關係一一考量後，才有可能產生合宜的設計。

最後，在階段三選定策略時，接續階段二的確認，我們便可以設計任務與提問，以促進學習的發生。如何養成PBL的能力與態度呢？那就必須在學生實作的過程中，引出學生的自我對話。當反思產生，真正的探究才有可能發生。教師透過安排需要使用這個能力或是以正確態度面對的實作任務，讓學生在實作中思考。常用的進行方式有兩種：第一種是讓學生先預測、學生實作、學生反思、學生再實作；第二種則是教師先教學、學生思考、學生實作、學生反思。

前者讓學生從經驗中反思學習，後者則讓學生使用知識而學習。

我們繼續以「規劃與設計」為例，討論這樣的學習該要如何引導。此階段的任務是，在學生已經確定了要解決的問題與驗證的假設後進行，老師必須不斷確認學生是如何判斷、決定與行動的。

學生預測、學生實作、學生反思、學生再實作

老師在任務開始前，先詢問學生此次任務的目的。目的指的是，要達到的意義及相關的具體事實。在確認大家清楚後，透過提問，幫助學生連結過去經驗，預想並評估要達成任務目的時可能採用的方式，以及此方式的合適性。接著，便讓學生根據預想展開行動。過程中，不斷提醒學生監控與檢視行動能否對準問題，評估行動的有效性與後續行動。引發學生不斷自我對話，持續投入任務，直到達到目的為止。

以下的提問分別屬於兩個不同階段：A到F為預測階段，使學生對於後續要進行的事務更有所感；G到J為反思階段，可以在每次實作後持續提出，根據實作（活動或任務）過程，反思不如預期的原因，或是過程細節的意義。這些提問的目的是，引導學生出現如同專家般的思考，考量每個探究作為的意義。

此舉不僅能促進學生發展能力，更在行動完成後知道探究能力運用時要掌握的關鍵理解。

A、現在要處理的問題是什麼？

B、從前面的階段，已經知道或預測這個問題和哪些因素有關？

C、如果想要進一步了解或確認這些因素的影響，可以做什麼？（如果學生沒有想法，老師也可以鼓勵學生搜尋相關研究或問題的可能做法）

D、這些事情要如何決定先後次序？

E、你們如何確定這些做法有沒有效？

F、你們需要蒐集到什麼樣的資料和證據才能確認呢？

G、目前這個步驟（做法）是否蒐集到你們預期的資料？

H、現在蒐集到的資料能否回應要處理的問題？

I、哪些結果是有用的？哪些做法是無效的？哪些需要調整？

J、接下來需要採取的做法是什麼？

教師教學、學生思考、學生實作、學生反思

任務開始前，老師先明示要達到任務目的需要運用的能力，即使問題本位的學習有著多元可能，老師也會提出幾種可能，供學生選擇。在確認大家清楚後，便讓學生預想與思考接下來要如何進行。在學生實作的過程中，老師會視學生進行的情形，提醒要對應剛剛的教學內容，以清楚自己的做法是否合宜。最終，老師帶領學生一起反思這樣的做法為何能達到任務目的，確認學生不僅能操作，更理解能力代表的意義。以下的提問，分別屬於兩個不同階段：A到D為老師教學階段，在教學過程提問，讓學生清楚任務與教學內容間的關係，以及做法的關鍵；E到H為學生反思階段，根據實作（活動或任務）過程，反思過程細節的意義，再次連結教學中所述，確認學生已掌握探究能力運用的關鍵理解。

A、這個方法是用於何種情形？

B、這個方法可以取得什麼資料？

C、如何確認方法運用正確？

D、取得的資料可以回應什麼問題？

E、剛剛的過程中你獲得了哪些資料？
F、這些資料分別回應了哪些問題？
G、你為何使用這些方法？
H、使用這些方法的關鍵是什麼？

兩種方式都必須在課程結束時，對於該堂課預設的目標（探究內容與實作內容）進行聚焦與討論，確保學生都能掌握實作（活動或任務）的意義。不同之處在於，第一種方式給予學生的主導性較多，也由於學生是流程與做法的決定者，過程中需要更專注地監控與檢視，才能對專題學習的能力與態度有更深刻感受。至於要選擇何種方式，可以依據老師與學生的經驗來決定，只要透過老師的提問引導，都能有效地產生學習。

眞正自主探究的人

專題學習已並非新名詞或新流行，它在教育圈行之多年。在強調知識學習的過去，專題學習不容易被落實，僅成為少數資優教育或實驗教育的課程。然而，隨著素養學習的呼籲與永續發展的挑戰愈形激烈，專題學習不斷被提及與關注。從幼兒教育到學術專業，再到新創產業，每一個年齡層與領域都在實踐這樣的學習。

專題學習的目的是，讓學生成為能夠自主探究的人。自主，代表了一個人知道要往哪裡去，也擁有選擇方法與流程的自由，更清楚遇到困難時該如何求援；探究，則代表一個人具備理解世界、發現問題與解決問題的能力，即使仍有不足，還是知道可以用何種方式習得新的知識與能力。思考與行動上的自主性，是很難憑著片段的學習經驗來建立的，因此我們的學生都需要有完整的探究歷程，這也就是為何專題學習必須存在且無法取代的緣故。但這不代表所有的學習都必須是專題式的，我們必須在學生的成長過程中安排且逐漸增加時間比例。

學生最終必然會成為終身學習的成人，在那之前，我們必須讓他擁有更豐富的經驗，使自主變成每個成人的標配。

理解問一問

- 專題學習的課程設計需要關注什麼？
- 學生進行專題時為什麼不容易聚焦？
- 專題學習的提問設計如何才能成功？

14

當學習評量遇上提問

聽令行事如何避免？

「評量具有形成性，在某種程度上，能夠引出學生取得成就的證據並予以解釋。老師、學生或者他們的同學據此決定教學的後續步驟。」

——美國波特蘭測評研究所研究員簡・查普伊斯（Jan Chappuis）

看到評量兩字，你的腦中出現的畫面是什麼？我相信多數人出現的都是紙筆測驗的情景，這應該是我們對於評量共同的記憶。即使多元評量推動多年的現在，仍會發現有些老師對於學生的評量還是單一面向，也就是說，平時作業就是看寫的答案對不對，平時小考就是答案對不對，定期考試還是答案對不對。換言之，在這個課堂中，如果你最後沒有答出對的答案，其他的學習能力或學習態度都不被在意，也不被評量。這樣的課堂和評量方式是對的嗎？

在討論對錯之前，先來談談評量的類型。接下來所談的評量，我稱之為學習評量，目的是要確認學習的情形。隨著學習進入不同階段，評量的目的與方式也有差異。學習評量的類型包括學習成果的評量（Assessment of Learning）、促進學習的評量（Assessment for Learning）與做為學習的評量（Assessment as Learning）。每種類型都能提供學習不同的訊息，產生不同的效益。

- **學習成果的評量：**教師可以根據學習成果評量的結果與標準，得到學生學習的證據，進而用來評估學生學習成就高低。學習成果的評量有時也被稱為「總結性評量」，通常發生在工作單元中或單元、學期或學期結束時的確定關鍵點，可用來對學生進行排名或評分。這種評量的評分或排名是否有效，取決於評量任務的有效性和可靠性，亦即是否真的可以有效地取得證據。
- **促進學習的評量：**教師和學生可以運用學習過程中，學生的知道、理解和技能展現等訊息，確定學生所處的位置及如何實現學習目標。促進學習的評量就是形成性評量，重點在於尋求學生學習過程的證據，可用來決定學生的理解、現況，以及如何能更好，進而解決學習過程的困難。這樣的評量和學習成果的評量，兩者最大差異來自於評量結果的運用，一個是決定學習結果，另一個則是判斷學習現況而促進學習繼續發生。

● **做為學習的評量**：這類的評量是讓學生成為評量者，可以監控自己的學習，提出問題，並使用一系列策略來決定自己了解和能夠做什麼，以及如何將評估用於新的學習。當學生是自己的評量者時，評量便同時也是學習，這樣的評量能鼓勵學生為自己的學習負責，並透過師生共構的學習目標、討論任務的重點與評量規準，對自己的學習提出問題。

從以上的討論就能發現，這三種評量中，後兩者都有學生的角色，以便於掌握自己的學習情形，更知道困難在哪裡、需要什麼協助，使得學習更有效。這與我們在第一段中所談的課堂學習截然不同，只在乎結果的課堂，忽視了學生是個主體，認為學生的學習問題只能由老師解決，也不認為學習過程中的各種訊息都能呈現出不同的學習品質。

就像是一個說我不會的學生，和一個能說清楚自己不會什麼的學生，兩者

可以連結《提問力》
第232頁「學校學習如何精心問？」
反思成人對於孩子的評價
如何影響學生的學習投入。

全然不同。後者相對能掌握學習方向與課程重點，是有意識地參與學習任務，所以才有辦法說清楚自己的困難在哪裡，即便還沒學會，後者都該在這個階段得到比較高的評價。

若要解決學習問題，我們都應當花更多的心力在「促進學習的評量」，以及如何透過課堂提問與教學蒐集到學生學習的狀況。在確認學生與學習目標的差距後，更有效地選定合宜策略，例如引導學生重新觀察、提問促進學生注意到現象的特徵或關係、搭建有學習發生的鷹架，也幫助學生清楚自己的狀況，以便進行有意義的學習。能在學習過程中就解決學習問題，其效益往往可以大於學習後的補救。

促進學習評量的情境特性

要解決促進學習的問題，就必須先掌握情境的特性。在此情境下，我們需要思考的是如何促進學習發生。取得與確認學習的現況，便成為這個情境處理問題的關鍵。

● **基本信念：**這個情境的目的是為了提升學生的學習品質，支持學生可以持續進步，改善學生的學習。由教師根據學習目標選擇評量標準，並促進學生達成。提供學生能提高學習品質的建議，幫助教師診斷並回應學生的需求。這樣的評量不是要判定學生是否發生學習，而是積極地促成學習的發生，這也是我們期待的、解決學習問題的基本信念。

● **參與者：**這樣的評量情境裡包括老師和學生這兩個參與者。老師需要將課程標準轉化為課堂目標，轉化成學生可理解的描述方式，並告知學生明確的學習目標；老師也必須依據目標實施評量，根據學生呈現的情形來調整教學。學生則可以透過教師的質性回饋或是自評，了解自己的學習情形，設定目標，基於評量的發現而採取有助於改善學習問題的行動。

讓學生都成為評量的參與者與行動者，是植基於相信學生想要學會，更是相信學生在學習過程中可以獲得成功。所以，讓學生清楚地掌握目前的會與不會，以便更有意識地為自己的進步選擇有益的行動，而非無意識地跟隨老師的安排卻不知其所以然。

促進學習評量的行動

為了找出促進學習評量的行動，我們就以解決問題三階段來分析它，同時也知道促進學習評量的設計該如何進行。這個部分就像是針對課程設計第三階段的策略進行後設，了解進入課堂上的所有設計是如何產生學習的，以便幫助我們知道如何促進這樣的事情發生。

在階段一釐清狀況，不同於解決如何學會的問題，這裡的釐清狀況並非要確認學生需要學習的內容有哪些，而是要釐清當我們已經完成課程設計後，每個任務與提問設計預定要產生的學習是什麼，盤點每個學生要完成的任務，也必須檢視每一個設計的提問。在階段二確認目標，根據釐清的狀況進一步確認每個環節的連結，確認每個部分理解的進展要如何聚焦，串接不同任務間的引導語是什麼。從這些後設中的發生，更確認學習中一定要取得的證據是什麼。

在階段三選定策略，確認原本的任務設計與提問設計中，哪些是必須確認學習證據的，又有哪些必須是要確認學習發生後才能向前推展的。在這些重要的節點，我們需要確認與掌握學生的現況包括是否獲得足夠的資訊？學生的現況與學習目標的相關性？學生現況與目標的差距？要運用何種教學策略以縮短差距？接下來就是確認學習的評量，清楚學習的終點，思考是否需要重新檢視教學方式或嘗試其他策略？對學生來說，我們能提供的回饋是否是有效的協助？總結以上的思考，這個部分可以運用的策略包含：

- 每次課程設計專注於一個學習目標，讓學習脈絡變得清楚，促進學習的策略也會變得更容易操作；
- 讓學生清楚學習目標，無論是該學期、該單元、該堂課等，以便學生可以自我檢視與評價自己的學習情形，提出學習現況與協助需求；
- 也可以提供學生符合或不符合學習任務的例子，透過解決符合與否，更明白任務背後的關鍵理解；
- 老師也必須在盤點後的每個節點提供描述性回饋，讓學生知道自己已經會了什麼、還不能做到什麼。

課程設計相較於促進學習的設計來說容易，因為促進學習的發生是需要透過老師的聆聽與觀察，真心對於學生想法感到好奇並想要了解，不會先以直覺或預設來評斷學生的答案，而是透過真誠地了解後，分析學習的情形，聚焦學習的教學，了解需求，並給予適切的回應。老師的修練就在於能否區別出有效的學習、是否選擇合適的教學策略，以及是否應該選擇其他合適的策略或工具來搭鷹架。

回饋形成有意識的行動

所有學生需要的是什麼？個別學生需要的是什麼？我如何區別學生學習情形的差異？我的教學進行是否太快或太慢？我講得太多或是不夠？這是老師在教學過程要不斷觀察與思考的，以便提供描述性的回饋，幫助學生評估自己的現況，了解努力方向。

有效的描述性回饋是由指出現況、如何可以向前推進的訊息所組成，除了可以直接告知外，更好的方式是提問。為何提問更好呢？我們必須先讓學生嘗試看看能否自己想通與做到，如果確定無法靠自己的思考找出答案，我們才給予較為明確的指示，並與他們討論為何這樣可以做到。這樣的提問要如何進行呢？就以能力怎麼學習那一節的例子來討論，關鍵理解是「從文章安排的事件或現象在意義上的一致性，推論出文章隱含的觀點」，專家思維是關係，引導學生發現事件與意義之間的關係。原本的提問次序如下：

一、剛剛老師在詢問大家，為什麼這篇文章要使用一個相反的詞時，大家說了哪些答案？（凸顯事實的問題）

二、我們最後接受了哪個說法？（凸顯事實的問題）

三、為什麼最後我們會接受某些組同學提出的說法？（最初關鍵提問）

四、那些被我們接受的說法是怎麼論述的？（找出意義的提問）

五、這些說法和文章的描述有什麼關係？（找出意義的提問）

六、我們判斷這個說法可以被接受的原因是什麼？（找出意義的提問）

七、所以，一篇文章的觀點可以用什麼方式來判斷？（最末關鍵提問）

這些問題中需要特別關注學生回應的部分包含第二、五、六點。其中，第二點需要被確認的原因是，如果學生不記得我們接受了什麼說法，後面的討論就無法進行；第五點是為了促進學生後設自己的閱讀歷程，並引導學生注意到觀點的形成必須是有所根據的；第六點則是確認學生能對自己的閱讀理解歷程的意義產生解釋，也就是課程預設的關鍵理解。

如果學生無法清楚地回應第二點，可以進一步追問：「我們重新看看有多少想法被提出呢？」「這些想法可以被接受或不能被接受呢？」「我們接受的說法是哪些？」透過提問，引導無法成功的學生重新觀察、重新判斷，形成結論。關於第五點，我們可以追問：「這個說法和哪個句子或哪個段落的內容有關？」「為什麼它們會有關係？」關於第六點，我們則可以追問：「為什麼這些句子或段落會讓你連結到這個說法？」「如果這個說法無法連到文章中的句子或是段落，你還會接受嗎？」「如果一個人看完一篇文章後，所提出的想法和文章內容無關，就算他的想法聽起來很有道理，我們會接受嗎？」

促進學習的追問常用技巧包括：引導重新觀察、引導注意事實之間的關係、引導連結觀察現象與判斷間的關係、引導分析想法形成的來源。在事實與意義連結時，如果使用正面問法無法產生效果，我們也可以運用反向的問法，例如「如果不這麼做會如何？」「如果這篇文章沒有舉這個例子，會有什麼不同呢？」「如果科學家不先設定這個條件，對他的理論會有什麼影響？」用這樣的方式來引導學生聚焦思考事實的存在並非理所當然，事物背後必然有意義。將注意力導向有意義的學習，在學習時間內給予適當回饋，把握學生片面理解的訊息，透過我們刻意的追問來凸顯或連結意義。

老師的回饋除了引導關鍵理解的思考外，還有一種常見的方式是，引導學生注意提出正確答案的學生做對了什麼，並且肯定做對之處，描述成果中呈現的品質，指出運用得當的方法。老師提供的回饋內容不可太多，避免學生抓錯訊息而失焦，促進學習的目的就無法達成。另一種常見的回饋則是，引導學生思考有待改正的部分，描述與學習品質相關且尚須努力之處，指出使用方法的問題，給予必要提醒，提供具體建議，繼續提問。

引導思考做對之處的提問，是以做對的事情為探究現象，透過提問引導學生觀察與分析。例如，剛剛A同學是怎麼說明的？他從哪些部分來判斷的？為什麼這樣的判斷是可以被接受的？如果我們之後也要做這種判斷，可以怎麼做呢？讓學生將注意力從誰做對了，轉移到要如何才是對的。不要將成功歸咎於人，而是轉為一個可以理解與依循的原則。

引導思考尚待改善的提問，同樣是以尚待改善的事情為探究現象。例如，為什麼這個想法我們無法確定是否可以接受？這個想法和我們看見的現象之間是如何連結的？這樣的連結是否有辦法形成合理的解釋？如果這個想法無法和我們看見的現象連結，哪個部分是放不進這個想法中呢？我們重新看一下現象的所有部分之間有什麼關係？如果要讓這些現象可以都被納入並有好的說法，可以怎麼連結？一個可以被接受的想法和觀察的現象之間應該是什麼樣的關係？這一連串的引導提問，凸顯了學生學習品質有問題的地方，也透過提問促進學生重新觀察與思考。學生在重新學習的過程中，除了學會關鍵理解，更學會如何學習。

引導反思時，老師需要凸顯學習過程中關於學習目標的關鍵訊息，不斷地激發學生，引起他們對關鍵內容的注意。透過正向與反向提問，凸顯關鍵內容，掌握學習目標。此外，老師也透過這樣的提問，不斷引出學生的學習證據，確認學生是否在達成學習目標的路徑上，進一步能適時提出促進學習的問題，獲得實踐的經驗與智慧。

取得證據才能促進學習

有關課堂提問的思考多是課程進行前的設計，雖然我們也常說要針對學生的回答進行追問，但多數情形的追問是想要確認學生的答案，卻忽略了最重要的意義是促進學習。提問不只是教學工具，更能幫助教師發現學生知道、理解與能夠做到的事情。透過提問，讓我們相信學生是學習的主體，也讓我們不代替學生思考。

透過老師有效回饋，以提問幫助學生聚焦於學習的標準，讓學生知道應該達成什麼，哪些部分應該改進，以及如何能夠促進成功。同時引導學生思考與討論做對了什麼或做錯了什麼，鼓勵學生對於自己的學習負起責任，讓學生學會自我監控與自我評量。相信學生能夠學習確實不容易的事，往往需要真正放手並看見學生真的做到了，如此，我們和學生也才能在學習的路上越來越自在，更專注於是否學會與如何學會。

理解問一問

- 學習評量的設計需要關注什麼？
- 促進學生學習的策略怎麼進行？
- 學習評量要如何有效結合提問？

註：本文主要見解出自《*Seven Strategies of Assessment for Learning*》,Jan ChAppuis, Pearson, March 2009。

15

當班級經營遇上提問

管理控制如何避免？

「優秀的領導者不會告訴你該做什麼，而是會讓你想做什麼。」

——美國作家賽門・西奈克（Simon Sinek）

我的臉書朋友多數是從事教育工作或是關心教育的人，可以說是很厚的同溫層。我總能從他們所談的事件或抒發的感受，理解教育和教養的風向在轉變，同理現場的困境。這些年隨著法規的鬆綁，以及社會變遷後家庭教育或教養方式的改變，關於班級經營的問題討論越來越多，反映了大家的工作壓力與擔憂，當然也看到了每一個人持續的努力。另一方面則是學生自傷或自殺事件頻傳，更讓大眾對於學生管理或法規制度等議題，有了截然不同的討論與看法，對於學生身心發展的關心與擔憂也不亞於學習情形。有的學生在學習上沒有太多熱情，有些則對於自己的生活也缺乏意識，無論是學習或身心都不太喜歡被安排與控制。許多困境是累積而成的，很難歸咎責任歸屬，我寧可將其視為共業，為了未來，我們應當共同面對。

一直以來，師培課程都以「班級經營」來稱呼老師。在教學過程中，透過一系列的策略、方法和技巧來經營班級，以達到良好的學習。用經營兩字，代表著不會只是管理或控制，是需要經營。根據教育部《國語辭典》的解釋，經營是指涉及市場、顧客、行業、環境、投資的問題，而管理是指涉及制度、人才、激勵的問題。換言之，經營是考量動態時空變化，所做出的應對；管理則是建立遊戲，規範大家可以如何進行。經營和管理的差異在於，經營是選擇對的事情做，而管理是把事情做對。因此，在我來看經營是包含管理的，因為先選擇對的事情，再依據彈性規則把事情做對。

如果將老師視為經營者，那我們理當是領導者，領導班級與學生，領導著學習與成長的產生。當我們用領導的思維來看待教育或教養，或許容易釐清什麼是不能妥協的底線，什麼又是最重要的目標。因為我們看待孩子時會以獨立人才來思考，能夠客觀地控制成人過度的期待與情感，反而更能與學生產生良好的互動與互信。

班級經營的情境特性

班級經營最獨特之處是，沒有人會告訴你要如何進行，又因為事關學生的身心發展，有時候很難在當下評價這件事情是否成功。身心發展無法如同確認週期表是否熟記而用默寫方式來評量，也不像寫作能夠請學生以創作作品來評量，身心發展的情形需要透過真實情境下的因應才能確認，在在都反映出這種情境的特性。那麼老師該要掌握哪些情境特性呢？

● **哲學為本：**如果我將班級經營視為培養獨立人才，那我必須先思考哪些是成為人才的重要關鍵。在我腦中想起的，不是語文和資訊能力這些項目，我想到的是可以被信任和自主的人。相信人的主體性，相信人有與人互動和實現自我的需求，所以能夠發展出好的自我覺察、同理他人與理解世界等能力與態度。當我釐清我的教育哲學後，就能夠知道我領導的原則、我必須把握與運用的事件，以及我要如何引導學生思考。

- **場域創造：**有些人期待班級無事發生，如果真的出現不良情形，就檢視與增加管理條款，甚至搭配處罰。有些人則把班級經營與課程教學分離，希望將大家管理好，避免影響學習的進行與學習結果。然而，班級是學生每日的真實生活場域，無論學習或成長，都透過學校生活的經驗而形成。換言之，學生的身心發展如同其他學習，是需要刻意創造的，所以老師必須能營造促進學習發生的場域與文化，並有意識地將教學、學習與環境融為一體。此外，老師更要能引導學生反思、學習生命的課題，並透過對話適切地回饋。
- **引導反思：**班級經營比起學科學習更需要大量的提問，由於學生是事件的當事人，或是形成討論資料的來源，所以更需要透過老師的提問引導，讓學生產生自我檢視與分析，覺察自己的感受，追蹤感受的來源，分析來源的產生，推論自己真正的想法。當探究對象是學生自身時，老師勢必要能把握事件發生的當下，與學生進行有意義的對話。

從這些特性，我們就能理解班級經營的不容易，更能意識到班級經營的重要性。老師是領導者，要確認自己的教育哲學，營造合宜的場域，實踐引導的行動，讓學生能從場域營造與老師引導下，形成待人接物的原則，最終，能夠在每次事件中自我覺察與思考，成為獨立的人。

班級經營的行動

掌握了班級經營的情境特性後，我將以解決問題三階段來思考，該如何展開班級經營的行動。班級經營目標是幫助學生的身心發展，也能促進學生良好的學習，更期望在該階段的挑戰或問題發生之前，便讓學生先覺察這些情形的存在與可能出現，掌握因應的態度與能力。雖然我們為學生面對這些挑戰和責任做了準備，並不代表他們不會在這些事情出現時再遇到困難，但至少能讓學生有所依歸，降低困難與混亂，也能在問題出現的當下，盡可能理性地分析、判斷與決策，做出相對合宜的決定。

在階段一釐清狀況，觀察與確認學生身心發展的現況，檢視學生在此階段需要面對的挑戰與承擔的責任。如果以中學生為例，學生最期待的就是擁有自由，但什麼是真正的自由呢？中學生想要的自由如果對應到他們所關切的具體事實，包括服儀、時間與學習等，我想許多人在那個年紀時也會有這樣的期待。

接著階段二確認目標，確認學生所關切的具體事實需要以何種原則進行思考，也需要釐清思考原則對於外顯行為的影響，進而形成因應原則的關鍵理解，後設這樣的理解是如何從事實與影響的對應而發現的。以自由為例，中學生需要形成的關鍵理解是，所謂擁有自由的人，是清楚所有可能的選擇，以及每個選擇所要負起的責任，進而能依據自己的處境做出選擇、決定與行動。這個關鍵理解的探究過程包含了兩種專家思維：一是互動與關聯，二是選擇與責任，分析每個思考與行動所反映的意義（互動與關聯），推論每個行動所要承擔的成本（選擇與責任）。這裡的成本包含不方便、調整或是後果。

最後是階段三選定策略。確認了關鍵理解與專家思維後，老師可以採取兩種方式來進行班級經營：一是利用班級時間，刻意創造探究的場域；二是當問題發生後，把握機會引導學生思考，進行有意義的討論。前者就如同課程設計，有任務安排與提問設計，後者則是在問題處理結束後，才開始進行事件的重新觀察與理解，進而比較分析與推論解釋。接下來就以前者的情境為例，設計討論自由的對話。

●你和被拋在天空中的石頭，誰比較自由？
●你是以什麼標準來比較你和天空中的石頭？
●你認為的自由是什麼？
●為什麼你覺得天空中的石頭比較自由？或是為什麼你覺得自己比較自由？
●石頭在天空的移動軌跡是如何決定的？
●石頭能否決定或改變？
●你的行為又是如何決定的？
●對於你的行為形成與產生，你能夠預測和掌握到什麼程度？
●你能否擺脫運氣的操控？
●究竟在什麼條件下，人們才能培育出真正值得擁有的欲望與性格？
●人要如何才能做到可以自律的自由？

以上對話是設定在高中學生的情境。這樣的提問在於，希望學生關注於自由或許包含自由選擇、自由決定、自由行動，但都並不是隨意的。無論最終是何種行為，都必須意識到還存在有選擇「其他行為」的可能。能夠有意識地進行評估與判斷，就能意識到必須為選擇負責任。或許會有人認為，這樣不就是在教學生做人做事的道理？這樣說並沒有錯，但差異在於做人做事寫來只有四個字，卻包含了太多的情境知識、思考能力與評估態度，不透過真實與深刻的場域創造，或不把握事件發生的當下，我們很可能又去制定了許多管理規則。一旦我們對於各種行為訂出規範，細則與罰則越來越多，就表示這已經遠離了我們經營的初衷。

讓學生能夠成為獨立的人，是最可觀察的學習表現。既然期望學生能獨立，就必須不斷地在每一次的選擇、決定與行動的過程，引導學生思考與評估，讓學生能真正獨立，並為自己思量過的結果負起責任。與其讓學生把注意力放在要向老師證明自己沒有錯，引出各種不負責任的言論，不如讓學生平心靜氣地檢視自己決定後的結果。唯有透過刻意創造的場域或是真實的事件，不斷重複進行這樣的思考與檢視歷程，才能讓學生形成習慣，而真正可以自律與獨立。

這樣的經營情境不包含學生已經出現違法或是傷害自己或他人的情況。即便我將班級經營視為領導，都不代表我們不需要揭示底線（法制），也不代表我們不需要訂定界線（人我關係）。當我們向學生說清楚底線，以及人我關係的界線，才能在與學生互動與問題處理時，建立合宜的原則，也有助於學生理解我們的反應與處置。

班級經營是一種領導

或許你會好奇，我原本就這麼思考班級經營嗎？又或是我一開始就這樣教養孩子嗎？當然不是，最初的我在面對孩子和學生時，也會有許多期待，當他們的行為表現不如預期時，我的情緒便隨之起伏，甚至有時也會出現情緒勒索的情節。當我發現孩子和學生很在乎我的評價與期待時，我才意識到自己讓他們失去自主性了。我原本希望他們成為獨立的人，卻不小心將他們推向另一邊。幸好，我發現得早。

為了不讓孩子和學生在未來付出更大的代價，我願意在他們成長過程中，以領導的方式來面對他們的成長。即使過程中會犯錯、會失敗、會有情緒，但我總是提醒自己，這就是「身心發展」的學習過程，讓自己不產生情緒，選擇適當的時機進行有意義的對話討論。我的改變也帶動了孩子的改變，能勇敢地說出自己的想法、承認錯誤，嘗試著改變或尋求協助。當一個人知道自己是被信任的，且被相信能夠為錯誤負起責任時，才有機會成為一個獨立的人。唯有當每個孩子都意識到獨立自主真正的意義時，班級經營才能夠從控制管理移動到領導學習，讓師生都擁有真正的自由。

這是學習最難的一環，卻是最需要投入的關卡。

理解問一問

● 班級經營的設計需要關注什麼？
● 班級經營要如何有效結合提問？
● 班級如何從控制轉變成為領導？

Q. 評量聽令行事？
學習成果的評量
做為學習的評量
促進學習的評量
結果掌握
師生關係
專題
監控
行動
意義
讓提問成為習慣，世界會越來越澄明，
人生也能越來越簡單。
偉瑩老師
哲學為本
引導反思
場域創造

4. 情境

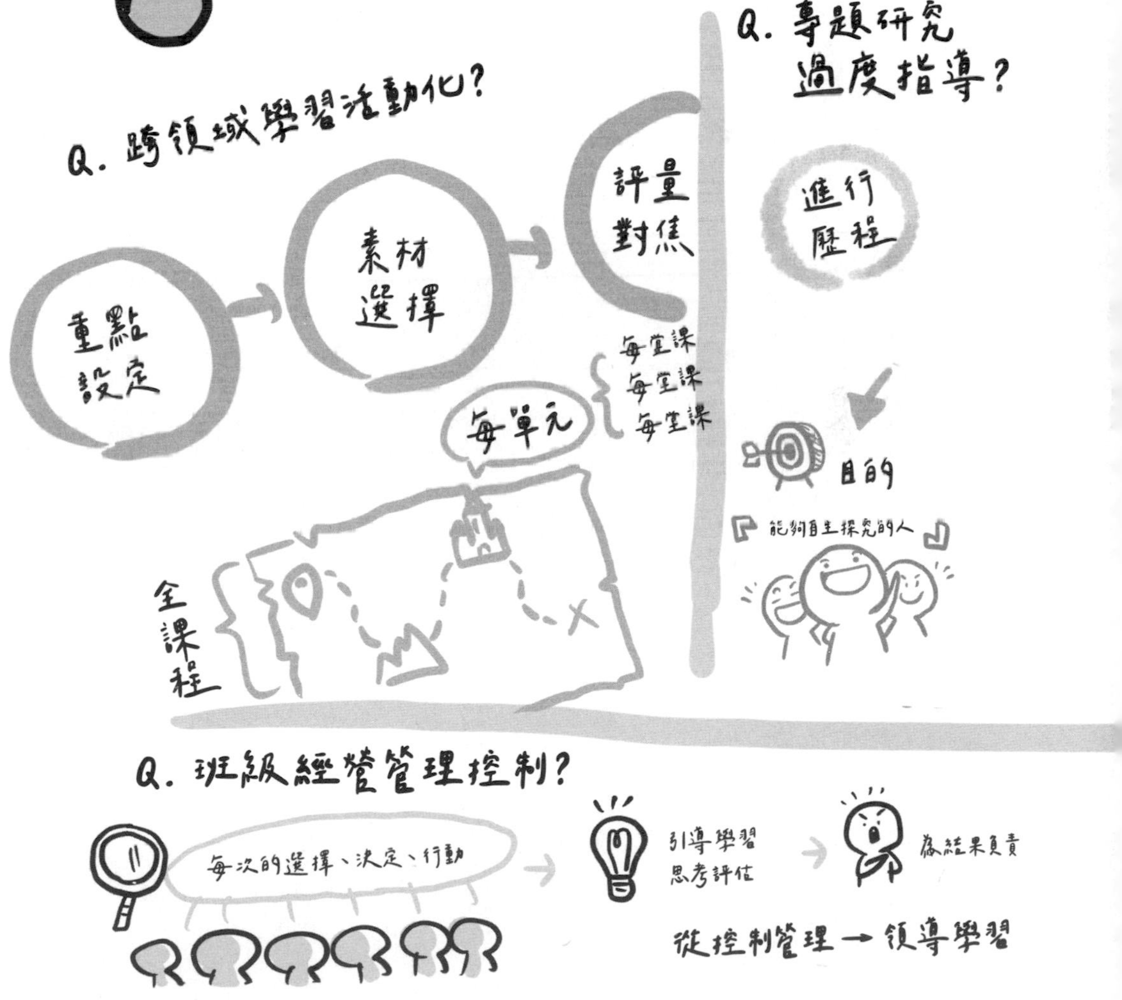
Q. 跨領域學習活動化？
重點設定
素材選擇
評量對焦
每堂課
每堂課
每堂課
每單元
全課程
Q. 專題研究過度指導？
進行歷程
目的
「能夠自主探究的人」
Q. 班級經營管理控制？
每次的選擇、決定、行動
引導學習
思考評估
為結果負責
從控制管理→領導學習

結語

讓提問成為你的習慣

「人的天職是勇於探索真理。」

——文藝復興時期天文學家尼古拉．哥白尼（Nicolaus Copernicus）

提問應該不難吧！因為每個人都能隨口問出問題，但提出好問題為何會困難呢？這個疑問也出現在其他情境，就像是行動不難，我們隨時都能做點事情，但產生有用的行動卻不太容易；要推出政策不難，但能真正解決問題的政策卻不見得容易。以此類推，相信我們都能找出各種類似的語式，描述生活中的各種矛盾與弔詭現象。

你真的願意面對困難產生的本質嗎？這反映在我們每次遇到困難時的選擇與行動。如果總是模仿他人解決問題的方法，或找到並嘗試各種可能解決的方法，那表示你選了一條相對舒適的路。這個選擇讓你看起來很努力，因為你至少有讓人可觀察的行動出現。所以當你最終沒有解決問題時，大家還能夠肯定並體諒你的苦勞，甚至為你找出失敗的理由，也因此多數人會選擇這種路徑。

面對困難為何這麼不容易？這就像是一個問題本位的專題（PBL），我們需要花最多時間的是，充分理解問題（problem）所在的情境、了解問題為何發生，最終才能確認真正要面對的課題（question）是什麼。多數人不願意投入這樣的歷程有兩個糾結點：一是不知道能否真的找到對的問題，另一個是急著想讓問題獲得改善。這兩種複雜心情讓我們既不知道問題是什麼，更不知道是為了解決什麼問題而行動。這也說明了為何多數人不是採取本書所提醒的解決問題三階段，而是直接進入第三階段選定策略，盲測並賭一賭自己的運氣。

找到問題並不困難，就只需要不斷地提問。不要輕易地讓直覺或預設限制了自己對於世界的解讀，提醒或強迫自己練習回到孩童的初心，對所有現象都懷抱著好奇，真心想要了解地提出問題，找回身為人的本能。回歸到本能，不因為個人的經驗豐富與否限制了我們對於人事物的探究，提醒自己每一次面對的問題都是全新的，也都是獨特的。為了將事情做得更好，我們必須優化自己的本能，透過提問讓自己對世界有更好的認識，並進行刻意練習。

首先，我們以提問先釐清問題發生的時空，框出時間軸與空間軸。接著，繼續提問了解同一時間下系統中的人事物，以及不同時間下人事物的變化。到此為止，我們完成了最初步的觀察。根據觀察結果，繼續提問這些人事物為何同時存在、彼此間有何關係、產生變化的原因是什麼。根據比較、組織與分析的結果，我們可能重新觀察找尋新的訊息，以便形成合理的解釋推理。這樣的釐清與確認過程，讓真正的問題被找到，也讓我們快速決定後續解決困難的行動。如果你已遺忘了這樣的歷程，或許可以找位不足三歲的幼兒，靜靜觀察他的行動，就能夠發現我所提及的歷程。相信自己能夠釐清問題、解決問題，這麼單純的信任與勇氣，從幼兒成功解決問題時的燦爛笑容中就能看到。

不要放棄身為人的獨特與優勢。對世界充滿好奇，也代表我們對生命感到熱情。每一天都要提問，回到最初面對世界的那般，謙卑地提出問題，能幫助我們不斷看見新的訊息，形成不同的發現。當我們越是這樣面對每天生活，將越安心於不求快但求透澈的思考，習慣於以這樣的方式回應世界。當提問的練習體現在每天生活中，就不再害怕面對不確定，因為我們會知道，這樣的不確定反而能幫我們找到真正穩定的彼岸。

建立好的提問態度，遠比刻意追求提問的技術來得重要。「人的天職是勇於探索真理」，或許哥白尼在談的可能是天體運行，也可能被解讀為挑戰當時的宗教氛圍，但我認為，他或許只是想彰顯人類千萬別拋棄了探索與理解世界的能力，不應該只是等待被告知或是接收指令。至於什麼是真理？我相信沒有人敢說自己已經找到了，但人生的有趣之處也就在於我們持續在追求更周全的世界觀。

讓提問成為習慣，世界會越來越澄明，人生也能越來越簡單。

番外篇

生成式ＡＩ是神隊友嗎？

自從ChatGPT出現後，教育現場便出現兩派不同立場：一是擔心評量或教學會因為ＡＩ的出現而受到挑戰，另一派則認為若能將較低階的事情交給ＡＩ，那我們就有更多時間做更具有創造力的行動。你是哪一種？我第一個想的倒不是這些，而是我「能夠」運用它嗎？我所指的能夠，並非只使用方法，而是我清楚自己想做的事情嗎？如果不清楚想達成什麼，那麼我應該會跟它純聊天，而無法進行「有生產力」的對話。

想要和ＡＩ聯手增進創造性的生產力，首先就要了解它是什麼，同時清楚它的能與不能。**ChatGPT**就是一個由OpenAI研發的生成式ＡＩ項目，名稱中的「Chat」是聊天的意思，「ＧＰＴ」則是指生成式預訓練轉換器（**Generative Pre-trained Transformer**）技術，它透過學習一個大量的文本數據集，從中生成與原始文本相似的新文本。所以，它擁有網路上大量的資訊，可以根據提問，找出人們想要的資料，將資料組織成為意義連貫的段落或篇章，並提供資料出處，以利我們確認每一筆資料是出自什麼背景或目的。如果想要讓它成為神隊友，就得清楚目的，問對問題，還要評估資料的好壞。也就是說，相對低階的任務可以交由它完成，例如依據指令蒐集資料、根據指令組織資料等事項；我們則負責相對高階的任務，例如確認資料蒐集是否足夠、提出進一步問題、調整或改變提問、評價資料品質、評估任務是否完成等事項。這樣你應該清楚這位神隊友可以幫上什麼忙了。但別忘了，它是被動地等待我們的召喚，至於能不能成為神隊友，取決於你是否也能成為它的神隊友。在這個團隊中，我們才是那唯一可能的豬隊友！

讓AI成爲教師備課的好夥伴

我們要如何和 ChatGPT 成為神隊友呢？連結本書的主題與目的——課程設計、提問設計與探究學習，我想提供三個必要的使用情境。第一個是「隊友使用情境一」：讓它陪你一起備課。

首先，釐清你所面對的狀況：你遇到什麼好奇或困惑的事情，或者還無法確認與回應的原因是什麼。當狀況還無法釐清時，可以請求 ChatGPT 來幫忙，讓它提供更多背景資料給我們。而為了幫助它找到品質好的資料，不能只是給一個簡單的問句，最好將問題的脈絡說清楚，例如在什麼情形下遇到了什麼困難，或是在什麼情境中發現好奇之處，這都將有助於它在大量的資料中找出更符合我們想要的。

我們也可以運用它所找到的資料，成為下一個問題的背景脈絡，讓資料越來越聚焦，讓階段一釐清狀況變得清晰。如同本書第二部專家思維中一個討論因果關係描述的例子中，當我們對 ChatGPT 提出狀況釐清時，就可能出現以下的對話：

我：語文上有哪些方式可以描述因果關係？

AI：語文上有很多方式可以描述因果關係。例如，可以加入多種描述因果關係的字或詞，例如與起因相關的轉接詞有 for、because、since、as、to result from、to be the result of、due to、because of、the effect of、the consequence of、as a result of、as a consequence of 等。與效果相關的轉接詞有 as a result、as a consequence、consequently、therefore、thus、hence、so、to result in、to cause、to have an effect on、to affect、thereby等，幫助讀者掌握您的論點。

我：我想問的是華語文因果關係。

ＡＩ：非常抱歉，我之前的回答是錯誤的。在華語文中，描述因果關係的方式有很多種，例如，可以使用「因為」、「所以」、「因此」、「由於」、「致使」、「導致」等詞語來表示因果關係。

我：如果不是句子的層次，而是段落或篇章的層次來描述因果關係呢？

ＡＩ：在段落或篇章的層次來描述因果關係，可以使用「首先」、「其次」、「最後」等詞語來表示時間順序，進而描述因果關係。例如，「首先，我們需要了解問題的背景；其次，我們可以分析問題的原因；最後，我們可以提出解決方案。」

我：但是你所說的用法比較像是時序關係，不一定是因果關係。

ＡＩ：您是對的。「首先」、「其次」、「最後」等詞語描述的是時間順序，而不一定是因果關係。在段落或篇章中，描述因果關係的方式還有很多種，例如可以使用「因為」、「所以」、「因此」、「由於」、「致使」、「導致」等詞語來表示因果關係。

我：如果我不要用這些語詞，也不要用你說的時間順序的語詞，還有沒有其他的方式可以帶出因果關係呢？

ＡＩ：當然，還有其他方式可以帶出因果關係。例如，可以使用「造成」、「引起」、「產生」、「導致」等詞語來表示因果關係。此外，也可以使用「與……有關」、「與……相關」等詞語來表示兩者之間的關係。

我：你說的還是語詞，我已經說了我不要用特定語詞。還有其他方式嗎？

ＡＩ：當然，還有其他方式可以帶出因果關係。例如，可以使用「這樣就會……」、「因此……」、「所以……」等詞語來表示因果關係。此外，也可以使用「先……再……」、「不但……而且……」等詞語來表示兩者間的關係。

我：因為因果關係必然是因發生在先，果產生在後，所以如何能夠確認在段落上的次序安排不只是時間順序，而且是因果關係呢？

ＡＩ：確認段落上的次序安排不只是時間順序，而且是因果關係，可以從段落中的詞語、句型、邏輯結構等方面入手。例如，段落中的詞語可以使用「因此」、「所以」、「這樣就會」等詞語來表示因果關係；句型上可以使用「先……再……」、「不但……而且……」等詞語來表示兩者之間的關係；邏輯結構上可以使用「歸納法」、「演繹法」等方法來確定段落中的次序安排。

我：你所稱的邏輯上可以使用歸納法或是演繹法，是指兩個段落之間在意義上屬於因果關係嗎？

AI：是的，邏輯上使用歸納法或是演繹法，可以確定段落中的次序安排，進而確認段落之間在意義上屬於因果關係。歸納法是從具體事例中歸納出一般性原則，而演繹法則是從一般性原則推導出具體事例。

我：所以前一個事件的結果，而推論出後一個事件為何會如此發生。是這個意思嗎？

AI：是的，你說得對。歸納法和演繹法都是從前一個事件的結果，推論出後一個事件為何會如此發生。例如，「因為昨天下雨，所以今天地面溼滑」，這句話就是使用歸納法來描述因果關係。

我：你怎麼還是用了語詞來描述！

AI：非常抱歉，我沒有注意到。請問你還有其他問題嗎？

接著，解決問題就進入了階段二確認目標。這個階段幾乎與階段一的結束同時完成，因為當你評估了資料已經足夠且品質夠好，那就表示你已經從這些資料中發現關鍵理解。在確認目標的過程中，ChatGPT 能幫上忙的部分在於確認你的目標是否清楚。我們繼續以因果關係描述的例子來說明，當我們對ChatGPT提出確認時，便出現以下的對話：

我：前一個事件的結果，將成為下一個事件的起因。這樣的說明是否清楚？

ＡＩ：是的，這是一個很好的解釋。這意味著，每個事件都有一個原因，而這個原因又會成為下一個事件的起因。這種關係可以在很多不同的情況下發生，例如在自然界中，或者在人類的生活中。你有任何想要了解的特定情況嗎？

我：所以語文上的使用，就可以運用不同的段落安排，描寫出不同次序的事件，藉此表達前一個事件的結果，將成為下一個事件的起因。這樣的說法是否清楚？

ＡＩ：是的，這是一個很好的解釋。在語言中，我們可以使用不同的段落和句子來描述事件的發生順序，以表達前一個事件的結果將成為下一個事件的起因。這種方法可以用來創建故事、文章、小說等。

這樣的對話讓大家在備課時有個能夠對話的夥伴，透過來回確認，思考是否還有可以調整之處。最後，我們進到了解決問題的階段三選定策略。由於目標已經確認，所以選定策略階段對 ChatGPT 提出的指令是最清楚的，包含你希望什麼樣的照片、影片或圖片等，或是你想要多長的文本、提供什麼年紀的學生閱讀文本等，幫助我們快速蒐集可供學習任務所需的素材。

與 AI 練習提問、做學生的同儕

除了根據目標找尋素材或可能的任務外，階段三選定策略還有兩個可以運用到 ChatGPT 的情形。

我稱之為「隊友使用情境二」：讓它陪你練習提問。ChatGPT 雖然受到許多不同領域專家的訓練，讓它可以從描述不完整的語句中推論出真正想要問的問題，或是提問時的語氣等，但我們還是很容易在提問時發現它答非所問，這樣的情形與課堂中是很相似的。

有不少老師會反應，學生並不適合或沒有能力進行提問教學，因為學生的能力不足以回答問題，或是學生不想回答問題，但或許我們可以換一種方式解讀這樣的情形：學生會不會是聽不懂我們的問題，或是學生確實不會我們的問題？前者比較容易解決，通常是我們說話太簡略造成的，忽略脈絡背景，就天外飛來一道問題，讓學生愣住。我們可以在設計完提問後，對著 ChatGPT 問一次，如果連它這樣擁有龐大資料庫的人都答非所問，那就表示題意不清楚。建議持續調整問法，直到它能夠回答，就可以據此來修改原本的提問。但若是學生確實不會而無法回答，那我們應當知道，學生還沒有學會是課堂中很正常的狀況，這時可以透過 ChatGPT 的幫忙，一起找尋有助於學生觀察的事實，調整學習任務的設計，提出能引導學生觀察、分析、推論等問題，進而形成關鍵理解。

還有一種可以運用 ChatGPT 的方式，也就是「隊友使用情境三」：讓它成為學生的同儕。在有限的教學時間內，我們經常遇到的困難是，學生有些能力還沒發展出來，以至於無法完成較大的任務，或是預設能力是解決問題過程中的某個部分，但其他的部分如果不發生，就無法讓學生真正習得目標預設學會的能力。舉例來說，課程以建立學生的問題意識為主，因此大半的時間都在引導學生覺察現象、理解現象，從中形成有意義的問題，但剩餘的時間就不足以進行其他能力的學習，以至於就算形成的問題卻無法真正著手解決。當學生成為一個清楚行動目標的人，我們便能夠將 ChatGPT 引入，成為學生的同儕，讓學生運用它的能力，分攤部分的任務，例如問卷設計。多了一個可靠的神隊友，能夠完成的任務就更完備與複雜了。

這三種使用情境是讓 ChatGPT 成為老師神隊友的基本前提。只要有想法，且熟悉這位隊友的優劣勢，相信就能為任務做好團隊分工，成為彼此的神隊友。先有想法才有工具，在這個快速變動又充滿機會的時代，對世界充滿好奇與熱情的人，能將變化都視為機會。有想法，就能問對問題，用對工具。

學習與教育 0245

掌握學習設計新思維
提問力實踐指南

作者｜藍偉瑩
視覺筆記圖表｜邱奕霖
責任編輯｜王慧雲
協力編輯｜李佩芬、王雅薇
校對｜魏秋綢
封面、版型設計｜FE 設計
內頁排版｜雷雅婷
行銷企劃｜溫詩潔

天下雜誌群創辦人｜殷允芃
董事長兼執行長｜何琦瑜
媒體暨產品事業群
總經理｜游玉雪
副總經理｜林彥傑
總監｜李佩芬
副總監｜陳珮雯
版權主任｜何晨瑋、黃微真

出版者｜親子天下股份有限公司
地址｜台北市 104 建國北路一段 96 號 4 樓
電話｜(02)2509-2800　傳真｜(02)2509-2462
網址｜www.parenting.com.tw
讀者服務專線｜(02)2662-0332　週一～週五 09:00~17:30
讀者服務傳真｜(02)2662-6048　客服信箱｜parenting@cw.com.tw

法律顧問｜台英國際商務法律事務所 • 羅明通律師
製版印刷｜中原造像股份有限公司
總經銷｜大和圖書有限公司　電話｜(02)8990-2588

出版日期｜2023 年 5 月第一版第一次印行
定價｜450 元
書號｜BKEE0245P　ISBN｜978-626-305-496-7（平裝）

國家圖書館出版品預行編目 (CIP) 資料

提問力實踐指南：掌握學習設計新思維/藍偉瑩作. -- 第一版. -- 臺北市：親子天下股份有限公司, 2023.05

272面；17X23公分. -- (學習與教育；245)
ISBN 978-626-305-496-7(平裝)

1.CST: 師資培育 2.CST: 教學設計

522.6　　112007296